지송 경전의 세계

부모은중경 · 목련경 · 우란분경 · 심지관경

법회연구원 편역

2005

정우서적

차　　례

불설대보부모은중경 ………………… 4

목　련　경 ………………………… 57

우 란 분 경 ………………………… 87

심지관경 보은품 …………………… 93

대보부모은중경

이와 같이 나는 (보고) 들었습니다:

어느 때 부처님께서는 사위국 〔왕사성〕 기원정사에서 삼만팔천 인의 많은 비구와 보살마하살들과 함께 계셨습니다.

그때에 세존은 대중을 거느리고 남쪽으로 나아가시다가 한 무더기 마른 뼈를 보셨습니다. 이때 여래께서는 오체를 땅에 엎드려 마른 뼈에 절을 하였습니다.

대중 속에 (있던) 아난이 세존께 사뢰

대보부모은중경
大報父母恩重經

여시아문 일시 불재왕사성 사위국 기수급고독원 여 대
如是我聞 一時 佛在王舍城 闍衛國 祇樹給孤獨園 與 大

비구 삼만팔천인 보살마하살중 구
比丘 三萬八千人 菩薩摩訶薩衆 俱

이시 세존장령대중 왕예남행 견일퇴고골 이시 여래 오
爾時 世尊將領大衆 往詣南行 見一堆枯骨, 爾時 如來 五

체투지 예배고골
體投地 禮拜枯骨

었습니다:

"세존이시여, 여래께서는 여러 사람들이 귀의하고 공경하는 삼계의 큰 스승이며 사생의 자비로운 어버이시온데 어찌하여 마른 뼈에 절을 하십니까?"

부처님께서 아난에게 말씀하셨습니다:

"그대가 비록 출가한 지 오래된 나의 뛰어난 제자이지만 아직 널리 알지 못하는구나. 이 한 무더기 마른 뼈는 전생의 조부모이거나 오랜 세월에 걸친 (인연 있는) 부모님의 뼈일 수도 있을 것이다. 그

아난 대중 백불언
阿難 大衆 白佛言

세존 여래 시삼계대사 사생자부 중인귀경 운하 예배고골
世尊 如來 是三界大師 四生慈父 衆人歸敬 云何 禮拜枯骨

불고아난
佛告阿難

여수시오상족제자 출가심원 지사미광 차일퇴고골 혹시
汝雖是吾上足弟子 出家深遠 知事未廣 此一堆枯骨 或是

래서 내가 지금 예배하였다."

부처님께서 (다시) 아난에게 이르셨습니다:

"그대는, 이 한 무더기 마른 뼈를 둘로 나누어 보아라. 만일 남자의 뼈라면 희고 무거울 것이며, 만일 여자의 뼈라면 검고 가벼울 것이다."

아난이 부처님께 아뢰었습니다:

"세존이시여, 남자는 이 세상에 있을 때에 큰 옷을 입고 띠를 두르고 신을 신고 모자를 쓰고 다니므로 남자인 줄 알

아전세옹조 누세야양 오금예배
我前世翁祖 累世爺孃 吾今禮拜

불고아난
佛告阿難

여장차일퇴고골 분작이분 약시남자골두 백료우중 약시
汝將此一堆枯骨 分作二分 若是男子骨頭 白了又重 若是

여인골두 흑료우경
女人骨頭 黑了又輕

아난 백불언
阿難 白佛言

수 있고, 여자는 이 세상이 있을 때에 붉은 주사와 연지를 곱게 바르고 향수로 치장하고 다니므로 여자인 줄 알 수 있을 것입니다. 그러나 사후의 백골은 (남녀가) 같을 터인데, 제자에게 어떻게 알아보라고 하시는지요."

부처님께서 아난에게 말씀하셨습니다:

"만일 남자라면 이 세상에 있을 때 절에 가서 법문도 듣고 경도 외우며 삼보께 예배도 하고 부처님의 이름도 생각하였을 것이므로 뼈가 희고 또 무거울 것이며,

세존 남인재세 삼대화모장과 즉지시남아지신 여인재세
世尊 男人在世 衫帶靴帽裝裹 卽知是男兒之身 女人在世
농도적주연지 난사장과 즉지시여류지신 여금사후 백골
濃塗赤硃臙脂 蘭麝裝裹 卽知是女流之身 如今死後 白骨
일반 교제자여하인득
一般 教弟子如何認得

불고아난
佛告阿難

약시남인 재세지시 입어가람 청강송경 예배삼보 염불명
若是男人 在世之時 入於伽藍 聽講誦經 禮拜三寶 念佛名

여인은 이 세상에 있을 때 정욕에 뜻을 두며, 아들을 낳고 딸을 기르되 한번 아이를 낳을 때에 서말서되나 되는 많은 피를 흘리며 여덟섬너말이나 되는 흰 젖을 먹여야 하므로 뼈가 검고 가벼울 것이다."

아난이 이 법문을 듣고, 칼로 가슴을 베인 듯 눈물을 흘리며 슬피 울면서 부처님께 사뢰었습니다:

"세존이시여, 어떻게 해야 어머니의 은덕을 갚을 수 있습니까?"

자 소이골두 백료우중 여인재세 자정음욕 생남양녀 일
字 所以骨頭 白了又重 女人在世 恣情淫欲 生男養女 一
회생개해아 유출삼두삼승응혈 음양팔곡사두백유 소이
廻生箇孩兒 流出三斗三升凝血 飮孃八斛四斗白乳 所以
골두 흑료우경
骨頭 黑了又輕

아난문어 통할어심 수루비읍 백불언
阿難聞語 痛割於心 垂淚悲泣 白佛言
세존 모은덕자 운하보답
世尊 母恩德者 云何報答

부처님께서 아난에게 말씀하셨습니다:

"그대는 잘 들어라. 여래는 이제 그대들을 위해 분별하여 해설하리라. 어머니가 자식을 잉태하면 열 달 동안은 몹시 괴롭다.

어머니가 아이를 가진 지 한 달이 되면, (그 기운이) 마치 풀잎에 맺힌 이슬과 같아서 아침에는 있었다가 저녁에는 없어질 수도 있고, 이른 새벽에는 기운이 모였다가 한낮이 되면 사라지는 것과 같다.

어머니가 아이를 가진 지 두 달이 되면

불고아난
佛告阿難

여금제청 오금위여 분별해설 아양회자 시월지중 극시신고
汝今諦聽 吾今爲汝 分別解說 阿孃懷子 十月之中 極是莘苦

아양 일개월 회태 흡여초두상주 보조불보모 조신취장래 오시소산거
阿孃 一箇月 懷胎 恰如草頭上珠 保朝不保暮 早晨聚將來 午時消散去

(그 기운이) 우유를 끓였을 때 엉킨 모양과 같다.

어머니가 아이를 가진 지 석 달이 되면, (그 기운이) 마치 엉긴 피와 같다.

어머니가 아이를 가진 지 넉 달이 되면, 차츰 사람의 모양을 이룬다.

어머니가 아이를 가진 지 다섯 달이 되면 어머니 뱃속의 아이에게는 다섯 부분의 모양이 생긴다. 무엇이 다섯 부분인가. 즉 머리가 한 부분이요, 두 팔을 합치면 세 부분이 되며, 두 무릎까지를 합해

아양 양개월 회태 흡여박락응소
阿孃 兩箇月 懷胎 恰如撲落凝蘇

아양 삼개월 회태 흡여응혈
阿孃 三箇月 懷胎 恰如凝血

아양 사개월 회태 초작인형
阿孃 四箇月 懷胎 稍作人形

아양 오개월 회태 재양복중 생오포 하자 명위오포 두위
阿孃 五箇月 懷胎 在孃腹中 生五胞 何者 名爲五胞 頭爲

일포 양주위삼포 양슬위오포
一胞 兩肘爲三胞 兩膝爲五胞

'다섯 부분'이라고 한다.

어머니가 아이를 가진 지 여섯 달이 되면, 그 아이는 어머니 뱃속에서 여섯 가지 정기(精氣)가 열린다. 무엇을 여섯 정기라고 하는가. 첫째 눈이 한 정기요, 둘째 귀가 한 정기며, 셋째 코가 한 정기요, 넷째 입이 한 정기요, 다섯째 혀가 한 정기요, 여섯째는 뜻〔意〕이 한 정기이다.

어머니가 아이를 가진 지 일곱 달이 되면, 그 아이는 어머니 뱃속에서 삼백육십 뼈마디와 팔만사천 털구멍이 생긴다.

아양 육개월 회태 해아 재양복중 육정개 하자 명위육정
阿孃 六箇月 懷胎 孩兒 在孃腹中 六精開 何者 名爲六精
안위일정 이위이정 비위삼정 구시사정 설시오정 의위육정
眼爲一精 耳爲二精 鼻爲三精 口是四精 舌是五精 意爲六精

아양 칠개월 회태 해아 재양복중 생삼백육십골절 팔만사천모공
阿孃 七箇月 懷胎 孩兒 在孃腹中 生三百六十骨節 八萬四千毛孔

어머니가 아이를 가진 지 여덟 달이 되면, 아이에게 뜻과 슬기가 생기며, 몸에 있는 아홉 구멍이 자라난다.

어머니가 아이를 가진 지 아홉 달이 되면, 아이는 어머니 뱃속에서 무엇인가를 먹기 시작한다. 그러므로 어머니는 복숭아와 배, 마늘은 먹지 말고, 오곡만을 먹어야 한다. 어머니의 위장과 소장〔생장〕은 아래로 향하고 대장〔숙장〕은 위로 향하여 있는 사이에, 한 더미 산이 있는데, 수미산, 업산, 혈산의 세 가지 이름으로

아양 팔개월 회태 생기의지 장기구규
阿孃 八箇月 懷胎 生其意智 長其九竅

아양 구개월 회태 해아 재양복중 끽식 불손도이산과 오
阿孃 九箇月 懷胎 孩兒 在孃腹中 喫食 不飡桃梨蒜菓 五
곡음미 아양생장향하 숙장향상 유일좌산 차산 유삼반명
穀飮味 阿孃生藏向下 熟藏向上 有一座山 此山 有三般名
자 일호 수미산 이호 업산 삼호 혈산 차산 일도붕래 화
字 一號 須彌山 二號 業山 三號 血山 此山 一度崩來 化
위일조응혈 유입해아구중
爲一條凝血 流入孩兒口中

불린다. 이 산이 한번 무너지면 이것이 한줄기 핏줄로 변하여 아이의 입 속으로 흘러 들어간다.

어머니가 아이를 가진 지 열 달이 되면, 아이는 마침내 세상으로 나온다. 만일 효성스럽고 순한 자식이 될 아이라면 주먹으로 제 몸을 받치고 손바닥을 마주 잡고서 나온다. 그래서 어머니의 몸을 상하지 않게 한다.

만일 다섯 가지 거슬리는 일을 저지를 아이라면, 어머니의 포태를 깨치고 손으

아양 십개월 회태 방내강생 약시효순지남 경권합장이생
阿孃 十箇月 懷胎 方乃降生 若是孝順之男 擎拳合掌而生
불손아양
不損阿孃

약시오역지자 벽파아양포태 수반아양심간 각답아양과
若是五逆之子 擘破阿孃胞胎 手攀阿孃心肝 脚踏阿孃胯

로 어머니의 염통과 간을 잡아뜯고 또 발로 어머니의 골반뼈를 밟아 마치 천 개나 되는 칼을 휘둘러 어머니 뱃속을 에는 것 같이 하고, 또 만 개나 되는 송곳으로 가슴을 쑤시는 것 같이 한다. 이렇듯 어머니를 고통스럽게 하며 이 몸이 태어났지만 (어머니는) 오히려 (아이에게) 열 가지 은혜를 더 베푼다.

첫째는 아이를 가지고 지키며 보호해 준 은혜이다.

골 교양여천도교복 흡사만인찬심 여사통고 생득차신 유
骨 教孃如千刀攪腹 恰似萬刃攢心 如斯痛苦 生得此身 猶
유십은
有十恩

제일 회탐수호은 송왈
第一 懷躭守護恩 頌曰

노래로 이르셨습니다:

여러 겁에 이어지는 무거운 인연
금생에도 모태에 다시 의지해
달 수가 차갈수록 오장 생기고
일곱 달이 지나면 육정 열리네
어머니 몸 태산 같이 무거워지고
움직일 때 찬바람이 무서워지며
비단옷 도무지 걸치지 않고
화장대엔 먼지만 쌓이게 되네.

둘째는 해산할 때 괴로움을 받으신 은

누 겁 인 연 중　금 래 탁 모 태
累劫因緣重 今來托母胎
월 유 생 오 장　칠 칠 육 정 개
月逾生五臟 七七六精開
체 중 여 산 악　동 지 겁 풍 재
體重如山岳 動止怯風災
나 의 도 불 괘　장 경 야 진 애
羅衣都不掛 裝鏡惹塵埃
제 이　임 산 수 고 은　송 왈
第二 臨産受苦恩 頌曰

혜이다.

노래로 이르셨습니다:

아이를 가진 지 열 달이 지나
참기 힘든 해산 날에 이를 쯤이면
아침마다 중병 든 사람과 같고
나날이 정신은 혼미해지네
두렵고 겁난 마음 어찌 다 알까
근심하는 눈물 흘러 옷깃 적시네
슬픔을 머금은 채 윗전 아뢰길
이러다가 죽지 않나 겁이 납니다

회경십개월 산난욕장임
懷經十箇月 産難欲將臨
조조여중병 일일사혼침
朝朝如重病 日日似昏沉
황포난성기 수루만흉금
惶怖難成記 愁淚滿胸襟
함비고친족 유구사래침
含悲告親族 惟懼死來侵

셋째는 자식을 낳고 모든 근심 잊는 은혜이다.

노래로 이르셨습니다:

자비하신 어머니가 그대 낳은 날
오장 육부 터지고 갈라지는 듯
육신도 마음도 기절하는 듯
양을 잡듯 피 흘리며 괴롭더라도
갓난아이 충실하단 말을 들으면
즐겁고 기쁜 마음 비할 데 없네
기쁨이 가라앉고 슬픔 생기니
고통이 온몸에 사무치도다

제삼 생자망우은 송왈
第三 生子忘憂恩 頌曰

자모생군일 오장총개장
慈母生君日 五臟摠開張
신심구민절 혈유사도양
身心俱悶絶 血流似屠羊
생이문아건 환희배가상
生已聞兒健 歡喜倍加常
희정비환지 통고철심장
喜定悲還至 痛苦徹心腸

넷째는 입에 쓴것은 삼키고, 단것은 뱉아 먹이는 은혜이다.

노래로 이르셨습니다:

무겁고 깊은 것은 부모님 은혜
사랑하고 베풂은 쉴 틈 없으니
단것은 자식 주며 드시지 않고
쓴것을 삼키셔도 얼굴 환하네
사랑이 크고 중해 참기 어렵고
은혜가 깊음에도 슬픔 더하니
오직 아이 배 부르길 바랄 뿐이라
어머니는 배고픔도 감수하시네.

제사 연고토감은 송왈
第四 咽苦吐甘恩 頌曰

부모은심중 은련무실시
父母恩深重 恩憐無失時
토감무소식 인고불빈미
吐甘無所食 咽苦不嚬眉
애중정난인 은심부배비
愛重情難忍 恩深復倍悲
단영해자포 자모불사기
但令孩子飽 慈母不詞飢

다섯째는 마른 자리 골라 뉘고 젖은 자리 눕는 은혜이다.

노래로 이르셨습니다:

어머니는 젖은 자리 누울지라도
아이는 마른 자리 눕게 하시며
젖 먹여 목마름 달래 주시고
옷소매로 찬바람 가려주시네
한결같은 사랑에 잠조차 잊고
어린아이 재롱에서 기쁨 찾으며
오직 하나 아이만을 편하게 하며
어머니는 편함을 구하지 않네.

제오 회간취습은 송왈
第五 迴乾就濕恩 頌曰

모자신구습 장아이취간
母自身俱濕 將兒以就乾
양유충기갈 나수엄풍한
兩乳充飢渴 羅袖掩風寒
은령항폐침 총농진능환
恩怜恒廢寢 寵弄振能歡
단령해자온 자모불구안
但令孩子穩 慈母不求安

여섯째는 젖 먹여 길러주신 은혜이다.

노래로 이르셨습니다.

어머니의 높은 은혜 땅과도 같고
아버지의 높은 은혜 하늘과 같네
하늘 덮고 땅 실음과 다름 없듯이
부모님의 마음 또한 그와 같아라
두 눈이 없다 해도 미워하잖고
손과 발이 장애라도 싫어 안하네
배 아파 낳은 핏줄 자식들이라
종일토록 아끼시며 사랑 베푸네.

제육 유포양육은 송왈
第六 乳哺養育恩 頌曰

자모상어지 엄부배어천
慈母象於地 嚴父配於天
부재은장등 부양의역연
覆載恩將等 父孃意亦然
부증무안목 불혐수족련
不憎無眼目 不嫌手足攣
탄복친생자 종일석겸련
誕腹親生子 終日惜兼憐

일곱째는 깨끗하지 않은 것을 빨아주신 은혜이다.

노래로 이르셨습니다.

지난날 고왔던 어머니 얼굴
아리따운 몸매는 깊고 소담해
푸른 눈썹 버들빛을 가른 듯하고
붉은 뺨은 연꽃빛을 빼 닮았으나
은혜가 깊을수록 고운 빛 바래
더러움을 씻을수록 야위어지고
오로지 아들딸을 사랑하느라
어머니의 얼굴은 상해가누나.

제칠 세탁부정은 송왈
第七 洗濁不淨恩 頌曰

억석미용질 자미심풍농
憶昔美容質 姿媚甚豊濃
미분취유색 양검탈연홍
眉分翠柳色 兩臉奪蓮紅
은심최옥모 세탁손반용
恩深摧玉貌 洗濁損盤龍
지위연남녀 자모개안용
只爲憐男女 慈母改顏容

여덟째는 자식이 먼 길을 떠나면 생각하고 염려하는 은혜이다.

노래로 이르셨습니다.

죽어 이별 참기도 괴로웁지만
생전의 이별 역시 아픔은 같고
자식이 먼 곳에 나가게 되면
어머니 마음도 함께 떠나네
밤낮으로 자식 생각 쉴 틈 없으니
하염없는 눈물은 천만 줄기라
울며불며 새끼 찾는 원숭이 같이
걱정하는 마음에 간장 끊기네.

제팔 원행억념은 송왈
第八 遠行憶念恩 頌曰

사별성난인 생리역비상
死別誠難忍 生離亦悲傷
자출관산외 모의재타향
子出關山外 母意在他鄕
일야심상축 유루수천항
日夜心相逐 流淚數千行
여원읍애자 억념단간장
如猿泣愛子 憶念斷肝腸

아홉째는 자식 위해 나쁜 일도 마다 않는 은혜이다.

노래로 이르셨습니다.

아버지 어머니는 강산과 같아
깊고 중한 은혜는 갚기 어려워
아이들의 괴로움을 대신 받으며
아이들이 힘들 때면 편안치 않네
먼 길을 떠난다는 말을 들으면
여행길 잠자리 추위 걱정해
아들딸이 잠시라도 괴롭게 되면
오래도록 어머니는 마음 졸이네.

제구 위조악업은 송왈
第九 爲造惡業恩 頌曰

부모강산중 심은보실난
父母江山重 深恩報實難
자고원대수 아로모불안
子苦願代受 兒勞母不安
문도원행거 행유야와한
聞道遠行去 行遊夜臥寒
남녀잠신고 장사모심산
男女暫辛苦 長使母心酸

열째는 생을 마칠 때까지 끝없이 자식을 사랑해 준 은혜이다.

노래로 이르셨습니다.

부모 은혜 깊고도 무거운지라
베푸시는 사랑은 쉴 틈이 없어
언제나 마음은 자식 따르고
멀든지 가깝든지 생각 따르네
어머니 연세가 백 세 되어도
여든 된 아들 걱정 여전하시니
이와 같은 부모 은혜 언제 다할까
목숨이 다해야 끝나게 되리.

제십 구경연민은 송왈
第十 究竟憐愍恩 頌曰

부모은심중 은련무실시
父母恩深重 恩憐無失時
기좌심상축 원근의상수
起座心相逐 遠近意相隨
모년일백세 상우팔십아
母年一百歲 常憂八十兒
욕지은애단 명진시분리
欲知恩愛斷 命盡始分離

부처님은 또 아난에게 말씀하셨습니다:

"내가 중생을 살펴보니, 비록 사람의 모양을 갖추었으나 마음과 행동이 어리석고 어두워, 부모의 크신 은혜와 덕을 생각하지 못하고 공경하는 마음을 내지 않으며, 그 은혜를 저버리고 덕을 배반하며, 어질고 사랑하는 마음이 없어서 효도하지 않고 의롭지 못하다.

어머니가 아이를 밴 열 달 동안은, 일어나고 앉는 것이 편치 아니하여 마치 무

불고아난
佛告阿難

아관중생 수소인품 심행우몽 불사야양 유대은덕 불생공
我觀衆生 雖紹人品 心行愚蒙 不思爺孃 有大恩德 不生恭
경 기은배덕 무유인자 불효불의
敬 棄恩背德 無有仁慈 不孝不義

아양 회자시월지중 기좌불안 여경중담 음식불하 여장병
阿孃 懷子十月之中 起坐不安 如擎重擔 飮食不下 如長病

거운 짐을 진 것 같고, 음식이 잘 소화되지 않아 마치 큰 병이 든 사람과 같다.

달이 차서 아이를 낳을 때는, 한없는 고통을 받으면서도 잠깐 동안의 잘못으로 아이가 살지 못하는 무상함을 당할까 두려워하며, 돼지나 양을 잡은 것같이 피가 흘러 자리를 적신다. 이러한 고통을 겪으면서도 이 몸을 낳고는 쓴것은 당신이 삼키시고, 단것은 다시 뱉어 아기를 먹이면서 안아 주고 업어서 기른다. 더러운 것을 빨아도 싫어하지 않고, 더운 것도 참

인
人

월만생시 수제고통 수유행악 공위무상 여살저양 혈류변
月滿生時 受諸苦痛 須臾行惡 恐爲無常 如殺猪羊 血流遍
지 수여시고 생득차신 인고토감 포지양육 세탁부정 불
地 受如是苦 生得此身 咽苦吐甘 抱持養育 洗濁不淨 不
탄구로 인열인한 불사신고 간처아와 습처모면
憚劬勞 忍熱忍寒 不詞辛苦 乾處兒臥 濕處母眠

고 추운 것도 참으며 고생되는 것을 마다하지 않는다. 마른 데는 자식을 눕히고 젖은 데서는 어머니가 잔다.

이렇듯 3년 동안 어머니의 젖을 먹고 자라 나이를 먹으면 예절과 의리를 가르치며, 장가 들이고 시집 보내며, 공부시켜서 관직도 얻게 하고 직업도 갖게 한다. 힘들여 가르치고 애써 기르는 일이 끝났더라도 베풂이 끊어졌다고는 말할 수 없다. 아들이나 딸에게 병이 있으면 부모도 병이 생기고, 자식의 병이 나으면 부

삼년지중 음모백혈 영해동자 내지성년 장교예의 혼가관
三年之中 飮母白血 嬰孩童子 乃至盛年 將敎禮義 婚嫁官
학 비구자업 휴하간신 근고지종 불언은절 남녀유병 부
學 備求資業 携賀艱辛 懃苦之終 不言恩絶 男女有病 父
모병생 자약병유 자모방채 여사양육 원조성인
母病生 子若病愈 慈母方瘥 如斯養育 願早成人

모의 병도 바로 낫는다. 이렇게 온갖 애를 쓰고 기르면서 빨리 어른 되기를 바란다.

이렇게 하여 장성하였으나 그 자식은 (부모님의) 은공을 모르고 효도하지 않는다. 부모와 더불어 이야기하거나 응대함에 있어서도 눈을 흘기고 눈동자를 굴린다. 집안 어른을 속이고 업신여기며, 형제간에 싸우고 욕질하며 친척을 헐뜯고 예의가 없다. 스승의 가르침을 따르지 아니하고, 부모의 분부도 어기고, 형제간에

급기장성 반위불효 존친공어 응대앙강 요안려정 기릉백
及其長成 返爲不孝 尊親共語 應對惸𢥞 拗眼戾睛 欺淩伯
숙 타매형제 훼욕친정 무유예의 부준사범 부모교령 구
叔 打罵兄弟 毁辱親情 無有禮義 不遵師範 父母教令 久
불의종 형제공언 고상요려 출입왕래 불계존인 언행고소
不依從 兄弟共言 故相拗戾 出入往來 不啓尊人 言行高踈

말할 적에도 일부러 서로 어긴다. 출입 왕래할 때에도 어른께 말하지 않고 말과 행동이 버릇없이 괴상하며 제멋대로 일을 처리한다. 이런 것을 부모로서는 훈계하여 책망하고, 어른들은 잘못된 것을 일러 주어야 할 것인데 철없는 어린아이라 용서해 주고 덮어 주기만 한다.

그래서 점점 자라면서 어른의 말을 어기고 거스르며, 잘못한 일도 복종하지 않고 오히려 성을 내게 된다. 좋은 벗은 버리고 나쁜 사람을 사귀며, 그러한 습관이

천의위사 부모훈벌 백숙어비 동유연민 존인차근
擅意爲事 父母訓罰 伯叔語非 童幼憐愍 尊人遮謹

점점장성 한려부조 불복휴위 반생진한 기제친우 붕부악
漸漸長成 狠戾不調 不伏虧爲 返生嗔恨 棄諸親友 朋附惡

성품이 되어서 드디어 몹쓸 계획을 세우며, 남의 꼬임에 빠져 마침내 부모를 배반하고 객지로 도망하여 집을 떠나 고향과 이별하게 되며, 혹 장삿길로 나가거나 혹 싸움터에 나가서 그럭저럭 지내다가 객지에서 제멋대로 결혼하게 되면, 이로 말미암아 오랫동안 집에 돌아오지 못하게 된다.

혹은 타향에서 (살 동안) 삼가고 조심하지 않다가 남의 꾐에 빠져 뜻밖의 일에 걸려들어 죄를 짓고 형벌을 받기도 하며,

인 습기성성 축위강계 피인유진 도찬타향 위배야양 이
人 習己性成 逐爲强計 被人誘進 逃竄他鄕 違背爺孃 離
가별관 혹인경기 혹위정행 임염인순 편위혼취 유사유애
家別貫 或因經紀 或爲征行 荏苒因循 便爲婚娶 由斯留碍
구불환가
久不還家

혹재타향 불능근신 피인모점 횡사구견 왕피형책 뇌옥가
或在他鄕 不能謹愼 被人謀鮎 橫事勾牽 枉被刑責 牢獄枷

감옥에 간혀 수갑을 차게 된다. 혹 병에 걸려 고난을 당하거나 액난에 얽혀서 곤란하고 고통스럽고 배곯며 고달파도 돌봐주는 사람이 없이 남들의 미움과 천대를 받기도 한다. 또 길거리에 나앉아 죽게 되어도 누구 하나 구호하고 치료해 줄 사람이 없다. 시체가 붓고 썩어서 볕에 쬐고 바람이 불면 백골이 뒹굴어 타향 땅에 버려져서 친척들과 즐겁게 만날 기회는 영원히 멀어지게 된다.

이렇게 되면, 부모의 마음은 자식을 따

쇄 혹조병환 액난영전 곤고기리 무인간시 피타혐천 의
鎖 或遭病患 厄難縈纏 困苦飢羸 無人看侍 被他嫌賤 倚
기가구 인차명종 무인구료 팽창란괴 일폭풍취 석골표령
棄街衢 因此命終 無人救療 膨脹爛壞 日曝風吹 石骨漂零
기타향토 편여친족 환회장괴
寄他鄉土 便與親族 歡會長乖

부모심수 영회우념 혹인제읍 안암목맹 혹위비애 기인성
父母心隨 永懷憂念 或因啼泣 眼闇目盲 或爲悲哀 氣咽成

라 길이 걱정하고 근심하며, 혹은 울다가 눈이 어두워지기도 하고, 혹은 너무 슬퍼하다가 기가 막혀 병이 되기도 한다. 혹 자식 생각에 몸이 쇠약해져 죽기라도 하면, 이로 인하여 외로운 혼은 원한이 되어서도 끝내 자식을 잊지 못하게 된다.

혹은 다시 들으니, 자식이 효도와 의리를 숭상하지 않고 나쁜 무리들과 어울려 거칠고 거만해지며, 좋지 않은 일을 익히기 좋아하고, 남과 싸우고 때리며 도둑질하며 술 마시고 노름하고 여러 가지 과오

병 혹연억자 쇠변사망 작귀포혼 부증할사
病 或緣憶子 衰變死亡 作鬼暴魂 不曾割捨

혹부문자 불숭효의 붕축이단 무뢰추완 호습무익 투타절
或復聞子 不崇孝義 朋逐異端 無賴麤頑 好習無益 鬪打竊

도 촉범향려 음주저포 간비과실 대누형제 뇌란야양 신
盜 觸犯鄉閭 飲酒樗蒲 奸非過失 帶累兄弟 惱亂爺孃 晨

와 실수를 저지른다. 이로 인하여 그 누가 형제에게까지 미치거나 부모의 마음을 어지럽게 한다. 새벽에 집을 나가서는 늦게야 돌아와 부모를 근심에 싸이게 한다.

부모가 지내는 형편과 춥고 더운 것을 아는 체도 하지 않고, 아침 저녁이나 초하루와 보름으로도 부모를 편히 모실 것은 생각하지도 않는다. 부모가 나이 많아 모양이 쇠약하고 파리하게 되면 이것을 남이 볼까 부끄럽다고 더욱 괄시하고 심하게 구박을 한다.

거모환 존친우념
去暮還 尊親憂念

부지부모 동지한온 회삭조포 영괴부시 부모년매 형모쇠
不知父母 動止寒溫 晦朔朝脯 永乖扶侍 父母年邁 形貌衰

리 수치견인 진가기억
羸 羞恥見人 嗔呵欺抑

혹은 또 아비가 홀로 되거나 어미가 과부가 되어 빈 방을 지키게 되면, 마치 남의 집에 붙어 사는 손님처럼 여긴다. 방을 치우거나 잠자리의 먼지와 흙을 닦고 씻어내는 법이 없다. 부모가 있는 곳에 들어가 문안하거나 살펴보는 일이 한번도 없다. 방이 춥거나, 덥거나 또는 부모가 배고파 하거나 목말라 하는 것을 한 번도 알려고 하지 않는다.

이리하여 (부모를) 밤낮으로 슬퍼하고 탄식하게 한다. 혹 맛있는 음식이 있으면

혹부 부고모과 독수공당 유약객인 기주타사 상석진토
或復 父孤母寡 獨守空堂 猶若客人 寄住他舍 床席塵土

불식무시 참문기거 종사단절 한온기갈 증불문지
拂拭無時 參問起居 從斯斷絶 寒溫飢渴 曾不聞知

주야항상 자차자탄 응뢰찬물 공양존친 매사수참 이인괴
晝夜恒常 自嗟自嘆 應賚饌物 供養尊親 每詐羞慙 異人恠

이것을 싸가지고 가서 부모에게 드려야 마땅하나, 거짓으로 없는 체하며 남들이 비웃는다고 여기면서도, 혹 좋은 음식이 있으면 제 아내나 자식에게만 가져다 준다. 이것은 추하고 못난 짓이며 피로하고 수고로운 짓이나 부끄러워 하거나 회피하지 않는다. 또 아내와 첩의 약속은 무슨 일이든지 잘 지키면서도, 부모의 말씀과 꾸지람은 전혀 어렵게 생각하지 않는다.

혹 딸자식으로, 혼인 전에는 모두 다 효도하고 순종하다가도 혼인하게 되면,

소 혹지시식 공급처아 추졸피로 무피수치 처첩약속 매
笑 或持時食 供給妻兒 醜拙疲勞 無避羞恥 妻妾約束 每
사의종 존자진갈 전무외구
事依從 尊者嗔喝 全無畏懼

혹부시녀 통배타인 미가지시 함개효순 혼가기흘 불효수
或復是女 通配他人 未嫁之時 咸皆孝順 婚嫁已訖 不孝遂

불효한 마음이 점점 늘어난다. 부모가 조금만 꾸짖어도 곧 원망하고 제 남편이 꾸짖으면 이를 참고 달게 여긴다. 성이 다른 남편 쪽의 어른에게는 인정이 깊고 사랑이 간절하게 대하면서도, 자기의 육친에게는 도리어 그렇지 않고 멀리한다.

혹 남편을 따라 타향으로 옮겨 가게 되어 부모를 이별하고서도 사모하는 생각이 없이 소식을 끊고 편지 한장 보내지 않아 부모로 하여금 창자가 끊어지고 가슴이 결려 거꾸로 매달린 듯하게 하고, 딸의

증 부모미진 즉생원한 부서타매 인수감심 이성타종 정
增 父母微嗔 卽生怨恨 夫婿打罵 忍受甘心 異姓他宗 情
심권중 자가골육 각기위소
深眷重 自家骨肉 却己爲疎

혹수부서 외군타향 이별야양 무심연모 단절소식 음신불
或隨夫婿 外郡他鄕 離別爺孃 無心戀慕 斷絶消息 音信不
통 영사야양 현장괘두 당기도현 매사견면 여갈사장 무
通 令使爺孃 懸腸掛肚 當己倒懸 每思見面 如渴思漿 無
유휴식
有休息

얼굴을 보고 싶어하는 것이 마치 목마를 때 물 찾듯이 간절하여 잠시도 쉴 때가 없게 한다.

이와 같이 부모의 은덕은 한량이 없고 끝이 없건만, 불효하는 죄악은 말로 다 드러내기 어렵다."

이때 모든 사람들은 부모의 은덕에 대해 설하신 부처님의 법문을 듣고, 몸을 일으켜 땅에 던지고 스스로 부딪쳐 온몸의 털구멍에서 피를 흘리고 마침내 기절하여 땅에 쓰러졌다가 한참만에 깨어나서

부모은덕 무량무변 불효지건 졸진난보
父母恩德 無量无邊 不孝之愆 卒陳難報

이시 대중 문불소설 부모은덕 거신투지 혼추자박 신모
爾時 大衆 聞佛所說 父母恩德 擧身投地 渾推自撲 身毛
공중 실개유혈 민절벽지 양구내소 고성창언
孔中 悉皆流血 悶絶躃地 良久乃蘇 高聲唱言

큰소리로 부르짖었습니다:

"가슴이 답답하고 아픕니다. 저희들은 이제야 죄인임을 깊이 알게 되었습니다. 종래는 깨닫지 못하여 어두운 밤길을 걷는 듯하였으나, 이제 비로소 잘못된 것을 깨닫고 보니 마음과 쓸개가 모두 부서지는 듯합니다. 세존께서는 불쌍히 여기시어 구원해 주십시오. 어떻게 해야 부모의 깊은 은혜를 갚을 수 있겠습니까."

이때 여래께서는 여덟 가지 오묘하고 장중하신 범음으로 여러 사람들에게 말씀

고재 통재 아등 금자 심시죄인 종래미각 명약야유 금오
苦哉 痛哉 我等 今者 深是罪人 從來未覺 冥若夜遊 今悟
지비 심담구쇄 유원세존 애민구발 운하보득 부모심은
知非 心膽俱碎 惟願世尊 哀愍救拔 云何報得 父母深恩

이시 여래 즉이팔종심중범음 고제대중
爾時 如來 卽以八種深重梵音 告諸大衆

하셨습니다:

"그대들은, 분명히 알아야 한다. 내 이제 너희를 위하여 분별해서 설명하리라.

가령, 왼 어깨에 아버지를, 오른 어깨에 어머니를 업고서, 수미산을 백천 번을 돌아서 피부가 닳아 뼈가 드러나고, 뼈가 닳아 골수가 드러나도록 하는 사람〔이 있더라〕도 부모의 은혜는 다 갚을 수 없다.

가령, 굶주리는 흉년의 세상을 당해서 부모를 위하여 자기의 온 몸뚱이를 도려내어 티끌같이 잘게 부숴 백천 겁이 지나

여등 당지 오금위여 분별해설
汝等 當知 吾今爲汝 分別解說

가사유인 좌견담부 우견담모 연피지골 골천지수 요수미
假使有人 左肩擔父 右肩擔母 硏皮止骨 骨穿至髓 遶須彌

산 경백천잡 유불능보 부모심은
山 經百千匝 猶不能報 父母深恩

가사유인 조기근겁 위어야양 진기기신 연할쇄괴 유여미
假使有人 遭飢饉劫 爲於爺孃 盡其己身 臠割碎壞 猶如微

도록 하는 사람〔이 있더라〕도 부모의 깊은 은혜는 다 갚을 수 없을 것이다.

가령, 잘 드는 칼을 손에 잡고 부모를 위하여 자기의 눈동자를 도려내어 여래께 바치기를 백천 겁이 지나도록 하는 사람〔이 있더라〕도 부모의 깊은 은혜는 다 갚을 수 없다.

가령, 부모를 위하여 역시 잘 드는 칼로 자기의 심장과 간을 쪼개어 피가 흘러 땅을 적셔도 아프다는 말도 하지 않고, 이렇게 백천 겁이 지나도록 하는 사람〔이

진 경백천겁 유불능보 부모심은
塵 經百千劫 猶不能報 父母深恩

가사유인 수집이도 위어야양 할기안정 헌어여래 경백천
假使有人 手執利刀 爲於爺孃 割其眼睛 獻於如來 經百千
겁 유불능보 부모심은
劫 猶不能報 父母深恩

가사유인 위어야양 역이이도 할기심간 혈류변지 불사통
假使有人 爲於爺孃 亦以利刀 割其心肝 血流遍地 不詞痛

있더라]도 부모의 은혜는 다 갚을 수 없다.

가령, 부모를 위하여 백천 자루 칼을 가지고 자기 몸을 찔러 칼날이 좌우로 드나들기를 백천 겁이 지나도록 하는 사람[이 있더라]도 부모의 깊은 은혜는 다 갚지 못한다.

가령, 부모를 위하여 자기 몸을 심지로 삼아 불을 붙여 여래께 공양하기를 백천 겁이 지나도록 하는 사람[이 있더라]도 부모의 은혜는 다 갚을 수가 없는 것이

고 경백천겁 유불능보 부모심은
苦 經百千劫 猶不能報 父母深恩

가사유인 위어야양 백천도륜 어자신중 좌우출입 경백천
假使有人 爲於爺孃 百千刀輪 於自身中 左右出入 經百千
겁 유불능보 부모심은
劫 猶不能報 父母深恩

가사유인 위어야양 체괘신등 공양여래 경백천겁 유불능
假使有人 爲於爺孃 體掛身燈 供養如來 經百千劫 猶不能

다.

가령, 부모를 위하여 뼈를 부숴 골수를 꺼내며, 또 백천 개의 칼날과 창끝으로 일시에 자기몸을 쑤시기를 백천 겁이 지나도록 하는 사람〔이 있더라〕도 부모의 은혜는 다 갚지 못한다.

가령, 부모를 위하여 백천 겁이 지나도록 뜨거운 무쇠 덩어리를 삼켜 온몸이 불타는 사람〔이 있더라〕도 부모의 깊은 은혜는 다 갚을 수가 없다."

이때 여러 사람들은 부모의 깊은 은덕

보 부모심은
報 父母深恩

가사유인 위어야양 타골출수 백천봉극 일시자신 경백천
假使有人 爲於爺孃 打骨出髓 百千鋒戟 一時刺身 經百千

겁 유불능보 부모심은
劫 猶不能報 父母深恩

가사유인 위어야양 탄열철환 경백천겁 변신초란 유불능
假使有人 爲於爺孃 呑熱鐵丸 經百千劫 遍身燋爛 猶不能

보 부모심은
報 父母深恩

에 대해 설하신 부처님의 법문을 듣고 눈물을 흘리며 슬피 울면서 부처님께 여쭈었습니다:

“세존이시여, 저희들은 이제 큰 죄인임을 알았습니다. 저희들이 어떻게 하면 부모의 깊은 은덕을 갚을 수 있겠습니까?”

부처님은 제자들에게 말씀하셨습니다:

“부모의 은혜를 갚으려면 부모를 위하여 이 경을 쓰고, 부모를 위하여 이 경을 읽고 외우며, 부모를 위하여 죄와 허물을 참회하며, 부모를 위하여 삼보에게 공양

이시 대중문불소설부모은덕 수루비읍 백불언
爾時 大衆聞佛所說父母恩德 垂淚悲泣 白佛言

세존 아등 금자 심시죄인 운하보득부모심은
世尊 我等 今者 深是罪人 云何報得父母深恩

불고제자
佛告弟子

욕득보은 위어부모 서사차경 위어부모 독송차경 위어부
欲得報恩 爲於父母 書寫此經 爲於父母 讀誦此經 爲於父

모 참회죄건 위어부모 공양삼보 위어부모 수지재계 위
母 懺悔罪愆 爲於父母 供養三寶 爲於父母 受持齋戒 爲

하며, 부모를 위하여 재계를 받아 지니며, 부모를 위하여 보시하여 복을 닦을 것이다.

만일 이렇게 하면 효도하고 순종하는 자식이라 할 것이오, 이러한 행동을 하지 않으면 이는 지옥에 떨어질 사람이다."

부처님은 아난에게 말씀하셨습니다:

"불효한 자식은 몸이 허물어져 목숨이 다하면 아비무간지옥에 떨어지게 된다. 이 큰 지옥은 길이와 넓이가 8만 유순이나 되고, 4면이 무쇠 성으로 둘려 있는데,

어부모 보시수복
於父母 布施修福

약능여시 즉명위효순지자 부작차행 시지옥인
若能如是 則名爲孝順之子 不作此行 是地獄人

불고아난
佛告阿難

불효지자 신괴명진 타아비 무간지옥 차대지옥 종광팔만
不孝之子 身壞命殄 墮阿鼻 无間地獄 此大地獄 縱廣八萬

그 주위에는 다시 철로 된 그물로 둘러싸여 있다. 그 땅은 붉은 무쇠로 되어 있는데, 모진 불이 훨훨 타올라 맹렬한 불길이 우뢰같이 빠르고 번개같이 번쩍인다.

여기에서 끓는 구리와 무쇠 물을 죄인의 입에 부어 넣으며, 무쇠로 된 뱀과 구리로 된 개가 항상 연기와 불꽃을 토하여 이 불속에서 볶여지고 지져지고 구워지고 삶아지고 살이 타고 기름이 끓어 그 고통과 비애는 견디기 어렵다.

그 위에 무쇠 채찍과 무쇠 꼬챙이, 무

유순 사면철성 주회망라 기지적철 성화통연 맹렬염로
由旬 四面鐵城 周廻網羅 其地赤鐵 盛火洞然 猛烈炎爐
뇌분전삭
雷奔電爍

양동철즙 유관죄인 철사동구 항토연염 욱소자자 지고초
洋銅鐵汁 流灌罪人 鐵蛇銅狗 恒吐煙炎 燠燒煮炙 脂膏燋
연 고통애재 난감난인
然 苦痛哀哉 難堪難忍

쇠 망치와 무쇠 창, 그리고 칼과 칼날이 비와 구름처럼 공중으로부터 쏟아져 내려서 사람을 베고 찌른다. 이렇게 죄인들을 괴롭히고 벌을 내리는 것을, 여러 겁을 지나면서 고통을 받게 하여 잠시도 쉴 사이가 없게 한다. 또 이 사람은 다시 다른 지옥으로 들어가서 머리에 불화로를 이고, 무쇠로 만든 수레로 사지를 찢어서 창자와 뼈와 살이 불타고 찢어져서 하루에도 천 번을 살아나고 만 번이나 죽게 한다. 이렇게 고통을 받는 것은 모두 전

철장철관 철추철극 검인도륜 여우여운 공중이하 혹참혹
鐵鏘鐵串 鐵槌鐵戟 劍刃刀輪 如雨如雲 空中而下 或斬或
자 고벌죄인 역겁수앙 무시간헐 우령경입지옥중 두대화
刺 苦罰罪人 歷劫受殃 无時間歇 又令更入地獄中 頭戴火
분 철거분열 장두골육 초란종횡 일일지중 천생만사 수
盆 鐵車分裂 腸肚骨肉 焦爛縱橫 一日之中 千生萬死 受
여시고 개인전신 오역불효 고획사죄
如是苦 皆因前身 五逆不孝 故獲斯罪

생에 오역의 불효한 죄를 지었기 때문에 이러한 죄를 받는 것이다."

이때에 여러 사람들은 부모의 은덕에 대해 설하신 부처님의 법문을 듣고 눈물을 흘리고 슬피 울면서 여래께 여쭈었습니다:

"저희들은 이제 어떻게 해야 부모의 깊은 은덕을 갚을 수 있겠습니까."

부처님은 제자들에게 말씀하셨습니다:

"부모의 은혜를 갚으려면, 부모를 위하여 경전을 끊임없이 펼지니라. 이것이 참

이시 대중문불소설부모은덕 수루비읍 고어여래
爾時 大衆聞佛所說父母恩德 垂淚悲泣 告於如來

아등 금자 운하보득부모심은
我等 今者 云何報得父母深恩

불고제자
佛告弟子

욕득보은 위어부모 중흥경전 시진보득부모은야 능조일
欲得報恩 爲於父母 重興經典 是眞報得父母恩也 能造一

으로 부모의 은혜를 갚는 것이 된다. 경전 한 권을 펴내면 한 부처님을, 열 권을 펴내면 열 부처님을, 백 권을 펴내면 백 부처님을, 천 권을 펴내면 천 부처님을, 만 권을 펴내면 만 부처님을 뵐 수 있게 되는 것이다.

이것은 이 사람이 경전을 만든 공덕의 힘으로 말미암아 여러 부처님들이 항상 와서 옹호해 주는 까닭에, 이 사람의 부모로 하여금 천상에 태어나 여러 가지 즐거움을 받게 하며, 영원히 지옥의 괴로움

권 득견일불 능조십권 득견십불 능조백권 득견백불 능
卷 得見一佛 能造十卷 得見十佛 能造百卷 得見百佛 能
조천권 득견천불 능조만권 득견만불
造千卷 得見千佛 能造萬卷 得見萬佛

연차등인 조경력고 시제불등 상래옹호 영사기인부모 득
緣此等人 造經力故 是諸佛等 常來擁護 令使其人父母 得
생천상 수제쾌락 영리지옥고
生天上 受諸快樂 永離地獄苦

에서 벗어나게 할 것이다."

이때 아수라·가루라·긴나라·마후라가·천·용·야차·건달바 등 인비인의 대중과 여러 작은 나라의 왕들과 전륜성왕들과 모든 대중들은 부처님이 설하신 법문을 듣고 각각 발원하였습니다:

"저희들은 오는 세상이 끝날 때까지, 차라리 조그만 티끌같이 이 몸이 부숴져 백천 겁이 지나더라도 맹세코 여래의 가르침을 어기지 않겠습니다.

또 차라리 백천 겁 동안 혀가 백 유순

이시 대중 아수라 가루라 긴나라 마후라가 인비인등 천
爾時 大衆 阿修羅 迦樓羅 緊那羅 摩睺羅伽 人非人等 天
룡 야차 건달바 내제소왕 전륜성왕 시제대중 문불소설
龍 夜叉 乾闥婆 乃諸小王 轉輪聖王 是諸大衆 聞佛所說
각발원언
各發願言

아등 진미래제 영쇄차신 유여미진 경백천겁 서불위어여
我等 盡未來際 寧碎此身 猶如微塵 經百千劫 誓不違於如
래성교
來聖教

과 같이 길게 빼내어지고 이것이 쇠보습에 갈려져 피가 내를 이루듯이 흐를지라도 맹세코 여래의 가르침을 어기지 않겠습니다.

또 차라리 백천 자루의 칼에 이 몸이 좌우에서 찔릴지라도 맹세코 여래의 가르침을 어기지 않겠습니다.

차라리 쇠그물에 이 몸이 얽혀서 백천 겁이 지나더라도 맹세코 여래의 가르침을 어기지 않겠습니다.

또 차라리 작두와 방아에 이 몸이 찍히

영 이 백 천 겁 발 출 기 설 장 백 유 순 철 려 경 지 혈 류 성 하 서 불
寧以百千劫 拔出其舌 長百由旬 鐵犂耕之 血流成河 誓不
위 어 여 래 성 교
違於如來聖教

영 이 백 천 도 륜 어 자 신 중 좌 우 출 입 서 불 위 어 여 래 성 교
寧以百千刀輪 於自身中 左右出入 誓不違於如來聖教

영 이 철 망 주 잡 전 신 경 백 천 겁 서 불 위 어 여 래 성 교
寧以鐵網 周匝纏身 經百千劫 誓不違於如來聖教

영 이 좌 대 참 쇄 기 신 백 천 만 단 피 육 근 골 실 개 영 락 경 백 천
寧以剉碓 斬碎其身 百千萬斷 皮肉筋骨 悉皆零落 經百千

고 부숴져서 가죽과 살과 심줄과 뼈 모두 백천만 조각이 나 백천 겁이 지나더라도 끝끝내 여래의 가르침을 어기지 않겠습니다."

이때 아난이 부처님께 여쭈었습니다:

"세존이시여, 이 경의 이름을 무엇이라 하며, 어떻게 받들어 지니오리까."

부처님은 아난에게 말씀하셨습니다:

"이 경은 『대보부모은중경』이라 이름할 수 있을 것이다. 이 이름으로 그대들은 받아 지닐지니라."

겁 종불위어여래성교
劫 終不違於如來聖教

이시 아난 백불언
爾時 阿難 白佛言

세존 차경 당하명지 운하봉지
世尊 此經 當何名之 云何奉持

불고 아난
佛告 阿難

차경 명위대보부모은중경 이시명자 여당봉지
此經 名爲大報父母恩重經 已是名字 汝當奉持

이때 하늘과 사람과 아수라 등 여러 대중이 부처님께서 설하신 법문을 듣고 모두 크게 기뻐하며, 이 말씀을 믿어 받들고 그대로 행하고자 (서원하며) 인사하고 물러갔습니다.

보부모은중진언(報父母恩重眞言)

'나모 삼만다 붓다남 옴 아아나 스바하'

불설왕생진언(佛說往生眞言)

'나모 삼만다 붓다남 옴 싯데율이 스바하'

이시 대중 천인 아수라등 문불소설 개대환희 신수봉행
爾時 大衆 天人 阿修羅等 聞佛所說 皆大歡喜 信受奉行
작례이퇴
作禮而退

懷躭守護恩
累劫因緣重
今来託母胎
月逾生五藏
七七六精開
體重如山岳
動止劫風災
羅衣都不掛
裝鏡惹塵埃

臨産受苦恩
懷經十箇月
産難欲将臨
朝朝如重病
日日似惛沉
惶怖難成記
愁淚滿胷襟
含悲告親族
惟懼死来侵

生子忘憂恩
慈母生君日
五臟捴開張
身心俱悶絶
流血似屠羊
生已聞兒健
歡喜倍加常
喜定悲還至
痛苦徹心膓

咽苦吐甘恩
父母恩深重
恩憐無失時
吐甘無所食
咽苦不嚬眉
愛重情難忍
恩深復倍悲
但令孩子飽
慈母不辭飢

回乾就濕恩
母自身俱濕
將兒以就乾
兩乳充飢渴
羅袖掩風寒
恩憐恒廢寢
寵美盡能歡
但令孩子穩
慈母不求安

乳哺養育恩
慈母象於地
嚴父配於天
覆載恩將等
父孃意亦然
不憎無眼目
不嫌手足攣
誕腹親生子
終日惜兼憐

洗濯不淨恩
憶昔美容質
姿媚甚豐濃
眉分翠柳色
兩臉奪蓮紅
恩深摧玉貌
洗濯損盤龍
只為憐男女
慈母改顏容

遠行憶念恩
死別誠難忘
生離實亦傷
子出關山外
母意在他鄉
日夜心相逐
流淚數千行
如猿泣愛子
憶念斷肝腸

為造惡業恩
父母江山重
恩深報實難
子苦願代受
兒勞母不安
聞道遠行去
行遊夜臥寒
男女暫辛苦
長使母心酸

究竟憐愍恩
父母恩深重
恩憐無歇時
起坐心相逐
遠近意相隨
母年一百歲
常憂八十兒
欲知恩愛斷
命盡始分離

假使有人左
肩擔父右肩
擔母研皮至
骨骨穿至髓
遶須彌山經
百千匝猶不
能報父母恩

云何報得父
母深恩佛告
弟子欲得報
恩為於父母
此經讀誦書
寫懺悔罪愆
供養三寶受
持齋戒布施
修福

目連經

(목련경)

옛날 왕사성에 부상(傅相)이라는 한 장자가 있었습니다. 그는 낙타, 코끼리, 말이 산과 들을 덮을 만큼 많았고, 창고에는 비단과 진주가 가득 차 있었으며, 사람들에게 빌려준 것도 헤아릴 수 없이 많은 큰 부자였습니다.

장자는 언제나 웃음을 머금고 말하였으며, 사람들의 마음을 거슬림 없이 항상 육바라밀을 닦았습니다. 어느 날 그는 갑자기 병이 들어 죽었습니다.

그들 장자 부부에게는 나복(羅卜)이라는 아들이 하나 있었습니다. 나복은 아버지의 장례를 치르고 삼 년 거상을 마치고 나서 어머니께 이렇게 말씀드렸습니다:

"아버지 계실 때에는 돈과 재물이 한없이 많았지만 지금은 창고가 비려 합니다. 저는 돈을 가지고 외국에 가서 장사를 할까 합니다."

이렇게 말하고 나복은, 하인 익리에게 창고의 돈을 가져오게 하여 계산해 보니, 삼천 관이었습니다. 이를 셋으로 나누어 천 관은 집안 살림을 하는 데 쓰고, 천 관은 삼보를 공양하며 매일 오백 명의 스님께 공양을 올리도록 어머니에게 드렸습니다. 나머지 천 관은 자신이 가지고 금지국에 가서 장사를 하였습니다.

어머니는 아들이 떠난 후 모든 하인들을 불러놓고 이렇게 말했습니다:

"너희들은 잘 들어라. 우리는 지금 여러 집들 가운데서 제일 부자다. 그래서 승려들이 우리집에 와서 교화를 펴려고 할 것이다. 만일 그렇다면 몽둥이로 때려 살아서 돌아가지 못하도록 하여라."

그리고 부인은 아들이 재를 올려 삼보를 공양하라고 준 돈으로 돼지·양·거위·오리·닭·개를 많이 사들여서 배불리 먹여 살찌운 후, 양은 기둥에 달아 매고 목을 찔러 동이에 피를 받고, 돼지는 묶어 놓고 몽둥이로 때려 슬픈 울음소리가 그치기도 전에 여러 짐승들의 배를 갈라 간을 꺼내 귀신에게 제사 지내는 것으로 즐거움을 삼았습니다.

나복은 일천 관의 밑천을 가지고 외국에 간 지 삼 년 만에 삼천 관의 이익을 남겨 가지고 본국으로 돌아왔습니다. 집에서 사십여 리 떨어진 곳의 왕사성 서쪽 버드나무 밑에서 잠시 쉬면서, 하인 익리를 먼저 집으로 보

내, 어머니께 이렇게 기별하라고 일렀습니다:

"만일 선한 인연을 지으셨다면 이 돈을 가지고 집으로 돌아가 어머니께 공양을 드릴 것이고, 만일 악업을 지으셨다면 어머니를 위해서 이 돈을 널리 보시하겠습니다."

익리가 저 멀리서 집으로 오는 것을 본 하인 금지가 청제 부인에게 달려가 서방님이 돌아오고 있다고 아뢰었습니다.

청제 부인이 물었습니다:

"네가 어떻게 내 아들이 돌아오는 것을 아느냐?"

"문 밖에 익리가 오는 것을 보고 서방님이 돌아오신다는 것을 알았습니다."

부인은 금지에게 지시하였습니다:

"너는 빨리 나가서 대문을 닫아 익리가 들어오지 못하게 하여라. 내가 곧 창고에 들어가 당번을 꺼내어 후원에 늘어 놓고 삼보께 공양 올린 모양을 꾸며 놓고 나서 그때 들어오게 하여라."

이윽고 익리가 집에 들어오자 부인은 익리에게 말했습니다:

"나는 너와 내 아들이 함께 떠난 이후 집에서 날마다

오백승재를 지냈다. 만약 믿지 못하겠거든 후원의 불당에 가 보아라."

익리가 후원 불당에 가서 보니 금방 재가 끝난 듯 수저는 이리저리 흩어져 있고, 향불의 연기는 아직 타오르고 있었으며, 사발과 대접들은 아직도 설거지도 안된 채로 쌓여 있었습니다.

익리는 급히 나복에게 돌아가 그대로 알렸습니다:

"서방님, 마님께서는 보통 어른이 아니십니다. 날마다 오백승재를 올리고 계셨습니다."

"네가 그것을 어찌 아는가?"

"제가 돌아가 집안을 살펴보니 수저는 이리저리 흩어져 있고, 향을 사른 연기는 아직도 자욱하고 스님들은 방금 떠나신 듯 그릇들의 설거지도 아직 끝나지 않고 있었습니다."

나복은 이 말을 듣고 부끄러운 생각이 들었습니다:

'나는 여기서 멀리 어머니를 향해 일천 번의 절을 하리라.'

그리고 나복은 집을 향해 일천 번의 절을 하고 있었습니다.

이때 마을의 이웃과 친척들이 나복이 돌아왔다는 소

문을 듣고 맞으러 성문 밖까지 나왔습니다. 그들은 나복이 열심히 절을 하느라고 일어나지 않고 있는 것을 보고 물었습니다:

"앞에도 부처님이 없고 뒤에도 스님들이 계시지 않는데 무슨 절을 그렇게 하는가?"

"어머니께서는 집에 계시면서 삼보를 공경하여 매일 오백승재를 지냈다고 합니다. 고마운 마음에 이렇게 절을 합니다."

이 말을 들은 이웃 사람들이 나복에게 말했습니다:

"그대의 어머니는 그대가 집을 떠난 후 집에 스님들이 오면 몽둥이로 때려서 쫓고 또 공양을 올리라는 돈으로는 돼지와 양, 거위, 오리, 닭, 개 등을 많이 사서 잘 먹여 살찌게 한 다음, 양은 기둥에 매달아 피를 흘리게 하여 동이에 받았고, 돼지는 묶어서 몽둥이로 때리고 끓는 물에 튀겨 비명소리가 잠시도 끊일 새가 없었을 뿐만 아니라 짐승의 배를 갈라 간을 꺼내어 귀신에게 제사를 지내는 것으로 환락을 삼았다네."

나복은 이 말을 듣고 몸을 일으켜 땅에 내던져 온몸에서 피가 흐르고 마침내 기절하여 쓰러진 채 오랫동안 깨어나지 못했습니다.

나복의 어머니는 아들이 돌아왔다는 소식을 듣고, 성 밖으로 그를 맞으러 나와 아들이 땅에 쓰러져 일어나지 못하는 것을 보고 아들의 손을 잡고 말했습니다:

"아들아, 내 말을 잘 들어 보아라. 넘실대는 강물이 저렇게 넓고 많지만 그 위에 출렁이는 파도가 있는 것처럼, 남을 도와주는 이는 적고 비방하는 사람은 많다. 만약 네가 집을 떠난 뒤로 너를 위하여 날마다 삼보께 오백승재를 지내지 않았다면 집으로 돌아가는 즉시 나는 중병이 들어 이레를 넘기지 못하고 죽어 아비대지옥에 떨어질 것이다."

나복은 어머니의 거듭되는 맹세를 믿고 일어나 집으로 돌아왔습니다. 그러나 나복의 어머니는 갑자기 중병이 들어 이레를 넘기지 못하고 죽고 말았습니다.

나복은 어머니의 장례를 치른 후 산소 옆에 풀을 엮어 상막을 꾸미고 삼 년 동안 시묘살이를 하면서, 낮에는 삼태기로 흙을 담아 어머니의 무덤에 흙을 돋우고, 밤에는 대승경전을 읽는 소리가 끊이지 않았습니다. 나복의 지극한 효성에 감동되어 아홉 가지 빛이 나는 사슴이 무덤 앞에 나타나기도 하고, 흰 학이 나타나 상서로움을 나타내기도 하며, 까마귀는 두 눈에서 피를 흘리기도 하였으며, 여러 가지 새들은 흙을 물어다가 무덤에 보태었습니다.

나복은 새들이 흙을 물어 오는 것을 보고 기뻐하여 화공을 불러 불상을 조성하여 모시면서 삼 년 동안의 공양과 시묘를 마쳤습니다. 그리고 어머니 무덤에 인사를 한 후 떠났습니다.

나복은 그 길로 기사굴산에 이르러 부처님을 뵙고 이렇게 말씀드렸습니다:

"세존이시여, 저는 이미 부모님이 다 돌아가시고 삼 년 동안 상을 마쳤습니다. 이제 부처님의 가르침을 따라 출가하려 합니다. 어떠한 공덕이 있겠습니까?"

"나복이여, 잘 왔다. 만약 남염부제의 사람이 한 아들이나 딸이나 한 남자 하인이나 여자 하인이나 집착을 버리고 여래의 가르침을 따라 출가하도록 이끄는 것은, 팔만사천의 부도와 보탑을 조성하는 공덕보다 더 뛰어나 세상에 살아있는 부모는 백 년 동안 복락을 누리며, 칠대를 거슬러 올라간 선망 조상까지도 마땅히 정토에 태어날 것이다. 하물며 스스로 보리심을 발함까지이랴."

세존은 곧 아난에게 명하여 나복의 머리와 수염을 깎아 주게 하고 정수리를 만지며 수기하시고, '대목건련'이라 이름을 지어 주셨습니다. 그리고 여래의 십대제자 가운데 '신통 제일'이 되리라고 하셨습니다.

목련이 세존께 여쭈었습니다:

"세존이시여, 보탑을 넓고 크게 많이 세운다면 어떠한 공덕이 있습니까?"

"목련이여, 보탑이 높고 커서 처마와 처마가 맞닿아 범천까지 통할지라도 백 년에 이르러 비가 새어 부처님 얼굴에 흐르게 되면 당장 죄를 얻게 되는 것이지만, 출가의 공덕은 금강과 같이 무너지지 않는 몸을 얻게 되는 것이다."

목련이 다시 세존께 여쭈었습니다:

"저는 지금 세존께 인사를 드리고 산에 들어가서 도를 배우고자 합니다."

"목련이여, 그대가 도를 닦으려면 다른 곳에 가지 말고 나를 따라 기사굴 산중에서 도를 닦도록 하여라."

목련이 다시 세존께 여쭈었습니다:

"세존이시여, 그 산중에 무슨 양식이 있어서 도를 배울 수 있겠습니까?"

"목련이여, 산속의 호랑이와 이리, 그리고 새들 등 짐승들이 매일 향기롭고 아름다운 꽃을 물고 와서 공양한다."

목련은 이 말씀을 듣고 나서 발우를 던져 공중에 솟아 올라 기사굴산의 필발라 암굴에 이르렀습니다.

목련은 왼쪽 다리로 오른쪽 다리를 누르고 오른쪽 다리로 왼쪽 다리를 누르며 혀를 입천장에 받치고 삼십삼천을 관하다가 화락천궁에 이르렀습니다. 그의 아버지는 그곳에서 하늘의 복을 누리고 있었으나 어머니는 찾을 수가 없었습니다.

목련은 돌아와서 세존께 여쭈었습니다:

"제 어머니는 세상에 계실 때 날마다 오백승재를 올렸다고 하셨습니다. 그렇다면 죽어서 마땅히 화락천궁에 태어나셨을 것인데 천궁에는 어머니가 보이지 않습니다. 어머니는 지금 어디에 계십니까?"

"그대의 어머니는 세상에 있을 때 삼보를 믿지 않고 욕심만을 부리다가 수미산만큼이나 많은 악업을 쌓았기 때문에 죽어서 지옥에 떨어졌다."

목련은 이 말씀을 듣자마자 땅에 몸을 던지며 스스로를 때리면서 슬피 울다가 일어나 여러 지옥으로 돌아다니며 어머니를 찾기 시작했습니다.

목련이 앞으로 나아가다 한 지옥에 이르렀습니다. 그

곳에는 남염부제 중생들이 큰 방아에 찧여 몸이 천 토막으로 끊겨지며 피와 가죽이 어지럽게 흩어져서 하루에 만 번 죽고 만 번 살아나곤 하는 것이었습니다.

목련이 슬퍼하면서 그 지옥의 왕에게 물었습니다:

"이 지옥에 있는 중생들은 전생에 어떠한 죄업을 지었기에 이러한 괴로움을 받습니까?"

"이곳의 남염부제 사람들은 생전에 많은 중생들을 잘라 죽이고 남녀들이 함께 모여 앉아 그 음식을 먹으면서 입으로는 그 맛이 좋다고 떠들고 즐기다가, 이제 저희들의 지옥으로 떨어져서 그 죄업을 달게 받고 있는 것입니다."

목련이 다시 앞으로 나아가다 검수(劍樹)지옥에 이르렀습니다. 그곳에는 남염부제 중생들이 칼날로 생긴 나뭇가지 끝에 매달려 손으로 칼나무를 붙잡으면 온몸이 모두 갈라지고 또 발로 칼날을 밟으면 사지가 모두 갈라지고 부서지는 것이었습니다.

목련은 슬프고 애달파서 그 지옥의 왕에게 물었습니다:

"이 지옥에 있는 중생들은 전생에 어떠한 죄업을 지었기에 이러한 괴로움을 받고 있습니까?"

"이곳의 남염부제 중생들은 인과를 믿지 않고 갖가지 중생들을 꼬챙이에 꿰어 불에 구워서 남녀가 모두 함께 앉아 먹으면서 맛있다고 떠들며 즐기다가 이제 저희들의 지옥으로 떨어져서 그 죄업을 달게 받고 있는 것입니다."

목련이 다시 앞으로 나아가다 맷돌지옥에 이르렀습니다. 그곳에는 두 덩어리의 큰 돌에다 모든 죄인들을 갈아서 피와 살덩이가 흩어지고 있었습니다.

목련이 슬퍼하면서 그 지옥의 왕에게 물었습니다:

"이 지옥에 있는 중생들은 전생에 어떠한 죄업을 지었기에 이러한 고통을 받고 있습니까?"

"이곳의 남염부제 중생들은 개미와 벌레들을 많이 죽인 죄업을 지어 저희들의 지옥으로 떨어져 그 죄업을 달게 받고 있는 것입니다."

목련은 다시 앞으로 나아가다 한 무리의 아귀를 보았습니다. 그들의 머리는 태산만큼이나 크고 배는 수미산처럼 불렀는데 목구멍은 바늘구멍처럼 가늘었습니다. 그들은 걸을 때마다 오백 대의 수레가 부서지며 구르는 것 같은 소리가 났습니다.

목련은 그 아귀들에게 물었습니다:

“그대들은 전생에 어떠한 죄업을 지었는가?”

“우리들은 전생에 죽은 사람을 위해서 재를 올리는 것을 하지 못하게 하고 삼보를 공경하지 않았습니다. 그 때문에 여러 겁 동안 좁쌀 미음의 이름조차도 못 들어보고, 음식 맛도 보지 못해서 굶주림과 목마름에 시달리고 있습니다.”

목련이 다시 앞으로 나아가다 회하(灰河)지옥에 이르렀습니다. 그곳에는 셀 수 없이 많은 남염부제 중생들이 잿물 속에서 밀려다니고 있었는데 온몸이 데어서 타들어가고 있었습니다.

그 중생들이 동쪽 문이 열린 것을 보고 동쪽 문으로 헤엄쳐 가면 문득 동쪽 문이 닫히고, 서쪽 문이 열린 것을 보고 서쪽 문으로 헤엄쳐 가면 문득 서쪽 문이 닫혔습니다.

다시 남쪽 문이 열린 것을 보고 남쪽 문으로 헤엄쳐 가면 문득 남쪽 문이 닫히고, 북쪽 문이 열린 것을 보고 북쪽 문으로 헤엄쳐 가면 문득 북쪽 문이 닫혔습니다.

이렇게 물결을 따라 표류하면서 잠시도 쉬지 못했습니다.

목련이 슬퍼하면서 그 지옥의 왕에게 물었습니다:

"이 지옥의 중생들은 전생에 어떠한 죄업을 지었기에 이와 같은 고통을 받고 있습니까?"

"이 지옥의 중생들은 전생에 달걀을 많이 삶아 먹었기 때문에 그 과보로 저희들의 지옥으로 떨어져서 고통을 달게 받고 있는 것입니다."

목련이 다시 앞으로 나아가다 확탕지옥에 이르렀습니다. 그곳에는 남염부제 중생들이 펄펄 끓고 있는 물 속에 삶아지고 있었습니다.

목련이 슬퍼하며 그 지옥의 왕에게 물었습니다:

"이 지옥의 중생들은 전생에 어떠한 죄업을 지었기에 이와 같은 고통을 받고 있습니까?"

"이 지옥의 중생들은 남염부제의 중생들로서 삼보를 믿지 않았을 뿐 아니라 큰 부잣집에 태어나서 뭇 생명있는 목숨들을 삶아 먹었기 때문에 지금 저희들의 지옥으로 떨어져서 그 죄업의 고통을 달게 받고 있는 것입니다."

목련이 다시 앞으로 나아가다 화분(火盆)지옥에 이르렀습니다. 그곳에는 남염부제 중생들이 머리에 불이 가득 담긴 동이를 이고 있어 두개골의 백 마디마다 불이 활활 타오르고 있었습니다.

목련이 슬퍼하며 그 지옥의 왕에게 물었습니다:

"이 지옥의 중생들은 전생에 어떠한 죄업을 지었기에 이와 같은 고통을 받고 있습니까?"

"이곳의 남염부제 중생들은 생전에 짐승들의 골수를 많이 먹었기 때문에 그 과보로 저희들의 지옥으로 떨어져서 그 죄업의 고통을 달게 받고 있는 것입니다."

목련은 크게 소리 내어 절규하듯 어머니를 부르며 말했습니다:

"어머니께서 살아 계실 때 저에게 말씀하시기를, '날마다 오백승재를 열고 꽃과 음식을 정중하게 공양하지 않은 적이 없다'고 하셨으니, 돌아가셔서는 마땅히 화락천궁에 태어나셔야 할 것입니다. 그러나 어찌하여 천궁에도 보이지 않고 지옥에라도 계신다면 만날 수 있을 텐데 지옥에도 보이지 않는 것입니까?"

이때 지옥 속에 있던 팔만사천 명의 우두(牛頭) 옥졸들이 서로 쳐다보면서 말했습니다:

"문 앞에 산 사람의 소리가 나는 것을 보니, 이는 반드시 남염부제에서 새로 죄인들을 보내 온 것이다. 내가 쇠창을 가지고 나가서 가슴을 찔러 잡아오리라."

이때 지옥문 앞에 있던 목련은 문득 깨달음이 있어 좌

선 삼매에 들어 있었습니다. 지옥의 왕이 몇 번 소리치며 부르자 선정으로부터 일어났습니다.

지옥의 왕이 목련에게 물었습니다:

"스님은 누구이기에 우리 지옥문 앞에 와 있는 것입니까?"

"저에게 화내지 마시오. 제가 특별히 여기에 온 까닭은 우리 어머니를 찾기 위한 것입니다."

지옥의 왕이 다시 물었습니다:

"그대의 어머니가 이곳에 있다고 누가 말했습니까?"

"석가모니 부처님께서 우리 어머니가 이곳에 계신다고 하셨습니다."

지옥의 왕이 다시 물었습니다:

"그렇다면 석가모니 부처님과 스님하고는 어떤 관계이십니까?"

"그분은 우리 스승이시며 나는 그분의 제자 목건련입니다."

옥졸들은 이 말을 듣고 철창을 내던지고 수없이 절을 하며 이렇게 찬탄하였습니다:

"참으로 기쁜 일입니다. 저희들은 오늘 석가모니 부처님의 가르침을 받는 제자의 얼굴을 뵙게 되었습니다.

스님의 어머니는 성이 무엇입니까? 제가 스님을 위해서 옥중에 있는 죄인들의 명부를 찾아보겠습니다."

그리고 지옥의 왕은 안으로 들어가 명단을 살펴 보았으나 목련의 어머니 이름은 찾을 수 없었습니다.

지옥의 왕이 다시 목련에게 말했습니다:

"방금 옥중에 가서 죄인들의 명단을 살펴 보았으나 그런 이름은 없습니다. 이 앞에 아비(阿鼻)지옥이 있으니 그곳으로 가보십시오."

목련이 다시 앞으로 나아가니 한 커다란 지옥이 있었습니다.

담의 높이는 만 길이나 되고 검은 벽이 만 겹이나 둘러쳐져 있었고, 철망으로 얽어서 그 위를 덮었고 그 위에는 네 마리의 큰 구리개가 있어서 입으로 항상 뜨거운 불길을 토하고 그 화염이 하늘로 무럭무럭 타오르고 있었습니다.

목련은 그 지옥의 문 앞에 가서 천 번이나 큰 소리로 외쳐 보았으나 아무런 대답이 없었습니다.

목련은 다시 앞의 지옥으로 가 지옥의 왕에게 물었습니다:

"앞에 큰 지옥이 있습니다만 담의 높이가 만 길이며

검은 벽이 만 겹이나 둘러쳐져 있고 지붕은 철망으로 얽어 씌워져 있었습니다. 그리고 아무리 불러도 문을 열고 나와 대답하는 이가 없습니다."

"그것은 스님의 법력이 부족한 탓입니다. 그 문이 열리게 하려면 부처님께 여쭈어 보아야만 합니다. 그밖에 다른 도리가 없습니다."

목련은 이 말을 듣자마자 발우를 던져 하늘로 솟아올라 세존께서 계신 곳으로 갔습니다.

그리고 세존을 세 바퀴 도는 예를 올리고 나서 세존께 여쭈었습니다:

"세존이시여, 제가 큰 지옥에 가서 보니 담의 높이가 만 길이나 되고 검은 벽이 만 겹이나 되었습니다. 제가 아무리 소리를 질러도 대답하는 이가 없습니다."

"목련이여, 그대는 나의 열두 고리가 달린 주장자를 짚고 내 가사를 입고, 내 발우를 들고, 그 지옥문 앞에 가 주장자를 세 번 흔들라. 그러면 옥문이 저절로 열리고 자물쇠가 저절로 떨어지며 옥중에 있는 모든 중생들이 내가 짚던 주장자 소리를 듣고 잠시 휴식을 얻을 것이다."

목련이 부처님의 가사를 받아서 입고 손에는 부처님

의 주장자를 짚고 지옥문 앞에 이르러 주장자의 고리를 세 번 흔들어 소리를 냈습니다. 소리가 나자 지옥문이 저절로 열리고 자물쇠도 저절로 떨어졌습니다.

이에 목련이 아비지옥 속으로 달려 들어가려 하자 옥졸들이 막으며 말했습니다:

"스님은 누구시기에 마음대로 이 문을 열었습니까? 이 문은 여러 겁 동안 열지 않던 문입니다."

목련이 그 지옥의 왕에게 물었습니다:

"문을 열지 않는다면 죄인은 어느 곳으로 들어옵니까?"

"남염부제 중생들은 불효를 많이 범하고 오역죄를 수없이 범하며, 삼보를 믿지 않았기 때문에 목숨이 다한 후에는 업의 바람에 불려와서 거꾸로 매달린 채 떨어져 내려올 뿐 문으로는 들어오지 못합니다."

지옥의 왕이 다시 물었습니다:

"그런데 스님은 이곳에 무슨 일로 오셨습니까?"

"내가 특별히 이곳에 온 이유는 우리 어머니를 찾기 위한 것입니다."

지옥의 왕이 목련에게 물었습니다:

"누가 스님의 어머니가 이곳에 있다고 했습니까?"

"석가모니 부처님께서 우리 어머니가 이곳에 계신다고 하셨습니다."

지옥의 왕이 다시 물었습니다:

"석가모니 부처님과 스님은 어떤 관계입니까?"

"바로 저의 스승이십니다."

지옥의 왕이 다시 물었습니다:

"스님의 어머니 이름은 어떻게 됩니까? 내가 안으로 들어가 스님을 위해서 명부를 살펴보겠습니다."

"왕사성에 살던 부상 장자의 아내로 이름은 청제 부인이며 유씨의 넷째 따님입니다."

지옥의 왕은 지옥으로 들어가 큰 목소리로 외쳤습니다:

"왕사성에 살던 청제 부인 유씨의 넷째 딸아, 문 앞에 아들이 와 있다. 그는 대목건련이라는 부처님의 제자로 부사의한 신통력과 법력이 있다고 한다. 만일 이 스님이 네 아들이라면 오래지 않아 지옥에서 벗어날 수가 있을 것이다."

지옥의 왕이 다시 큰 소리로 외쳤습니다:

"왕사성에 살던 청제 부인아, 어찌하여 대답을 하지 않는가?"

그때 비로소 죄인이 대답하였습니다:

"지옥의 왕께서 저를 불러 다시 더 고통이 심한 곳으로 옮길 것이 두려워 감히 대답을 하지 못했습니다. 죄인에게는 한 아들이 있었습니다만 스님이 된 적도 없고 이름도 대목건련이 아닙니다."

지옥의 왕이 다시 밖으로 나와서 목련에게 말했습니다:

"청제 부인이라고 하는 사람은 있습니다만 아들이 스님이 된 적도 없고 이름도 대목건련이 아니라고 합니다."

목련이 대답하였습니다:

"지옥의 왕께서는 대자대비한 마음으로 제 어머니가 자식을 알아보지 못하리라는 것을 믿어 주십시오. 부모님께서 살아 계실 때 내 이름은 나복이었으며, 부모님께서 돌아가신 뒤 저는 부처님께 나아가 머리를 깎고 불도에 들어 대목건련이라는 이름을 받았습니다."

지옥의 왕이 다시 목련에게 물었습니다:

"그렇다면, 오늘 어머니를 만나게 해주면 장차 무엇으로 우리들의 수고로움에 보답하시겠습니까?"

"오늘 어머니를 만나게 해주신다면 여러 보살들을 모

셔다가 대승경전의 법문을 설하여 지옥왕의 은혜를 갚겠습니다."

지옥의 왕은 지옥으로 다시 들어가 청제 부인에게 말했습니다:

"너에게 반가운 소식을 전해 주리라. 문 앞에 찾아 온 사람은 바로 나복이다."

"나복이라면 바로 제가 이 작은 뱃속에 품었던 자식입니다."

이때 지옥의 왕이 쇠창으로 죄인을 찔러 일으켜 세우고 박힌 못에서 땅으로 떨어뜨리니, 온몸의 털구멍에서 피가 흘렀습니다.

지옥의 왕은 다시 쇠칼을 씌우고 칼로 몸을 에워싸서 끌고 나와 아들과 서로 보게 한 후 목련에게 물었습니다:

"어머니를 알아 보겠습니까?"

"어머니를 알아보지 못하겠습니다."

지옥의 왕이 다시 말했습니다:

"바로 저 앞, 온몸에 모진 불이 활활 타오르고 있는 것이 스님의 어머니입니다."

목련이 어머니임을 알아보고 크게 부르짖었습니다:

"어머니, 어머니시여! 살아 계실 때에는 날마다 오백 승재를 올림에 향과 꽃과 음식을 모두 법에 맞게 하셨다고 말씀하셨으니, 돌아가셔서는 마땅히 화락천궁에 나셔야 할 것인데, 어찌하여 천궁에 계시지 않고 지옥의 고통 속에 계십니까? 소자는 날마다 밥 먹을 때에 맛나고 좋은 음식이 있으면 먼저 어머니께 받들어 올렸건만 어머니의 얼굴은 어찌하여 그렇게 몹시 야위셨습니까?"

어머니가 목련을 부르며 말했습니다:

"내 사랑하는 아들아, 앞으로 영원히 너를 만나보지 못할 줄 알았는데 어떻게 오늘 이렇게 지옥문 앞에서 만나게 되었구나. 이 어미는 지옥에서 벌을 받기가 몹시 괴롭다. 배가 고프면 밥 대신 쇠구슬을 먹고 목이 마르면 물 대신 구리즙을 마시면서 지내왔다."

말을 채 마치기도 전에 옥졸이 와서 청제 부인을 붙들어 세우고 기다란 부젓가락으로 몸을 찔러 넣어 온몸이 타 들어가게 했습니다.

이때 같은 지옥에 있는 모든 죄인들이 서로 말했습니다:

"저 어미와 아들은 서로 만나보게 되었는데 우리는 어찌하여 그럴 기약이 없는가?"

지옥의 왕이 목련에게 말했습니다:

"더 이상 죄인과 오랫동안 이야기할 수 없습니다. 스님의 어머니는 다시 죄를 받을 시간입니다. 스님이 만일 어머니를 놓지 않으신다면 청제 부인의 가슴을 철창으로 찔러 데려가도록 하겠습니다."

목련이 그의 어머니를 놓으니, 어머니는 지옥의 왕에게 끌려 지옥으로 들어가면서 소리쳐 말했습니다:

"아들아, 내 아들아, 나는 지옥의 고통을 참기가 참으로 어려우니 백방으로 알아 보아, 부디 이 어미를 지옥에서 구해다오."

이때 목련의 왼발은 지옥 문지방 안에 두고 오른발은 밖에 둔 채 서 있다가 어머니가 괴로워 울부짖는 소리를 듣고 참을 수가 없어서 머리를 기둥에 부딪치니 살과 피가 낭자했습니다.

목련이 지옥의 왕에게 말했습니다:

"차라리 내가 지옥에 들어가서 어머니를 대신해 지옥의 고통을 달게 받고자 합니다."

"스님의 어머니는 업력이 엄청 커서 비록 모자간이라 할지라도 서로 대신할 수 없습니다. 만약 어머니를 이 지옥에서 구하기를 원한다면 부처님께 여쭈는 수밖에 다른 길이 없습니다."

목련은 이 말을 듣고 발우를 하늘로 던져 높이 솟아올라 세존께서 계신 곳으로 가서 세존을 세 바퀴 도는 예를 올린 후 세존께 여쭈었습니다:

"세존이시여, 저의 어머니가 죄보를 받아 지금 지옥에 떨어져 참지 못할 고통을 겪고 있습니다. 어떻게 하면 저의 어머니를 지옥에서 구할 수 있겠습니까?"

"목련이여, 내가 그대의 어머니를 구하겠노라."

목련이 세존께 여쭈었습니다:

"세존이시여, 구해 내실 수 있겠습니까"

"내가 만일 그대의 어머니를 구하지 못한다면 내가 오랜 겁 동안 지옥에 들어가 그대의 어머니를 대신하여 죄보의 고통을 받으리라."

이때 세존께서 모든 비구·비구니·우바새·우바이 등 무수한 대중에 둘러싸여 허공에 몸을 나투시니 그 높이가 일곱 다라수 나무 길이만큼이었습니다.

부처님의 미간에서 다섯 가지 빛깔의 찬란한 광명을 놓아, 지옥의 어둠을 깨뜨리자 철상지옥은 변해서 연화좌가 되고, 검수지옥은 변해서 백옥으로 만든 사다리가 되었으며, 확탕지옥은 변해서 연꽃이 만발한 못이 되었습니다.

그때 염라대왕이 찬탄하며 말했습니다:

"좋다, 좋다. 이제 내가 친히 세존께 예배하고 향을 사를 수 있겠구나! 어찌 이 세상에 부처님이 계심을 믿지 않을 수 있겠는가?"

이렇게 말하고 염라대왕은 우두 옥졸들에게 분부하여 죄인들을 모두 풀어주고 하늘에 나게 하였습니다.

목련이 다시 세존께 여쭈었습니다:

"모든 죄인들은 하늘에 태어났습니다만 저의 어머니는 어느 곳을 의지하여 태어났습니까?"

"그대의 어머니는 생전의 죄업이 뿌리 깊고 무거우며 업장이 아직 다하지 않았으므로 대지옥에서는 나왔으나 다시 소흑암(小黑闇)지옥에 떨어졌다. 모든 보살이 재를 올리고 남은 밥 한 발우를 그대에게 줄 테니 지옥으로 가서 어머니께 드려 보아라."

목련은 발우를 들고 지옥으로 갔습니다. 발우 속에 담긴 밥을 본 목련의 어머니는 탐내는 마음을 고치지 못하고 왼손으로는 발우를 움켜 쥐고 오른손으로는 사람들을 막으면서 밥을 입 속에 넣었으나 그 밥은 예전과 마찬가지로 변하여 모진 불덩이가 되었습니다.

목련이 다시 세존께 여쭈었습니다:

“세존이시여, 어떻게 하면 저의 어머니를 흑암지옥에서 구해 낼 수 있겠습니까?”

“그대의 어머니를 흑암 지옥에서 벗어나게 하려면 모든 보살들을 청해다가 대승경전을 읽고 외워야만 흑암 지옥에서 벗어날 수 있다.”

이에 목련은 바로 부처님의 가르침을 따라서 모든 보살들을 청해다가 대승경전을 외웠습니다. 대승경전을 외우자, 목련의 어머니는 흑암지옥에서 벗어났으나 다시 아귀로 태어나게 되었습니다.

목련이 다시 세존께 여쭈었습니다:

“저의 어머니는 흑암지옥을 벗어나 어느 곳에 태어났습니까?”

“지옥을 벗어나 아귀로 태어났다.”

목련이 다시 세존께 여쭈었습니다:

“어머니께서 지옥에 계신 날이 오래 되었으므로 어머니를 모시고 항하강 가에 가서 물을 마시게 해드리고 배를 씻겨 드리고자 합니다.”

“목련이여, 모든 여래가 물을 마시면 그것은 마치 향기로운 젖과 같고, 모든 승려가 마시면 마치 단 이슬 같고, 십선인(十善人)이 마시면 능히 목마름이 가실 것이다. 그러나 그대의 어머니가 물을 마시면 그 물이 뱃속에 들어가자마자 뜨거운 불덩이로 변해서 창자를 태워 없애고 말 것이다."

목련이 다시 세존께 여쭈었습니다:

"그렇다면 어떻게 해야 저의 어머니가 아귀의 과보를 면할 수 있겠습니까?"

"여러 보살들을 청하여 마흔아홉 개의 등에 불을 켜며 뭇 산목숨을 놓아주고 신기로운 깃발을 만들어 장엄하면 그대의 어머니는 아귀의 과보에서 벗어날 수 있을 것이다."

목련은 곧 세존의 가르침에 따라 여러 보살들을 청하여 마흔아홉 개의 등을 밝히고, 뭇생명을 놓아주며, 신기로운 깃발을 만들어서 어머니가 아귀의 몸에서 벗어나게 하였습니다.

목련이 다시 세존께 여쭈었습니다:

"저의 어머니께서는 아귀의 몸을 벗고 어느 곳에 태어났습니까?"

"그대의 어머니가 비록 아귀의 몸을 벗기는 했으나 지금은 왕사성에 태어나 어미 개가 되었다."

목련은 이 말을 듣고 곧 발우를 들고 왕사성으로 가서 그 개를 찾았습니다. 그 개는 멀리서 목련을 보자 달려 나와 뛰어 오르면서 목련의 허리를 껴안고 말했습니다:

"내가 너의 어미이고, 너는 내 아들이다."

목련은 어머니의 목소리를 듣고 말했습니다:

"어머니께서는 이제 개의 몸이 되어 고생을 하시는데 그전에 지옥에서 받던 고통과 비교하면 어떻습니까?"

개가 목련에게 말했습니다:

"내가 차라리 앞으로도 계속 개의 몸이 되어 사람의 더러운 음식찌꺼기를 먹고 살지언정 지옥이란 소리는 듣기조차도 두렵다."

목련이 다시 세존께 여쭈었습니다:

"어머니가 개의 몸을 받아 고생하고 있는데 어떻게 해야 개의 몸을 벗을 수 있겠습니까?"

"목련이여, 칠월 보름날에 우란분재(盂蘭盆齋)를 베풀면 어머니는 개의 몸에서 벗어날 수 있을 것이다."

목련이 다시 세존께 여쭈었습니다:

"무슨 까닭에 십삼일, 십사일은 택하지 않고 반드시 칠월 십오일을 택하십니까?"

"목련이여, 칠월 십오일은 승가 대중이 여름 결제(하

안거)를 풀고 해제하는 날이다. 그리하여 기뻐하면서 한곳에 모여 그대의 어머니를 제도하여 정토에 나게 할 것이다."

목련은 곧 세존의 가르침을 따라서 시장에 나가 버들잎과 잣나무 가지를 사다가 우란분재를 베풀어 어머니를 개의 몸에서 벗어나게 하고, 부처님 앞에 나아가 오백계를 받도록 하였습니다. 그리고 '어머니는 삿된 마음을 버리고 바른 길로 돌아가소서'라고 발원하였습니다.

이와 같은 목련의 효심은 천모를 감동시켜 목련의 어머니를 영접하여 도리천궁에 태어나게 하여 모든 즐거움을 받게 하였습니다.

또 목련은 효심을 드러내는 설법으로 많은 중생들을 제도하였습니다.

세존께서 다시 대중에게 말씀하셨습니다:

"만일 선남자 선여인이 부모를 위하여 이 경을 서사하거나 받아 지녀서 읽고 외우면 삼세의 선망 부모와 칠대의 조상이 곧 정토에 왕생하여 모두 해탈할 것이며, 입고 먹는 것이 자연스럽게 갖추어지며 장수하고 부귀를 누릴 것이다."

세존께서 이 경을 설해 마치시자 천룡팔부의 사람과

사람 아닌 이들은 모두 크게 기뻐하며 믿는 마음을 내고 받들어 행할 것을 서원하며 예배하고 물러갔습니다.

우란분경
盂蘭盆經

이와 같이 (나는) 들었습니다:

한때 세존께서 사위국 기수급고독원에 계셨습니다.

그때 목건련은 처음 여섯 가지 신통을 얻고 난 후 부모를 제도하여 낳으시고 길러주신 은혜에 보답하고자 깨달은 눈으로 세간을 살펴 보았습니다. 그의 어머니는 죽어서 아귀로 태어나 음식을 먹지 못하여 뼈와 가죽이 붙다시피 하여 차마 볼 수 없었습니다. 목련은 슬픔을 가다듬고는 발우에 밥을 가득 담아 아귀가 된 어머니에게 드시게 하였습니다.

목련의 어머니는 발우의 밥을 받아 왼손으로는 다른 아귀들을 쫓고, 오른손으로는 밥을 움켜 먹었습니다. 그러나 밥이 입으로 들어가기도 전에 불덩어리가 되어 끝내 음식을 먹을 수 없었습니다.

목련은 이를 보고 슬피 울다가 급히 돌아와 세존께 여쭈었습니다:

세존께서 목련에게 말씀하셨습니다:

"그대의 어머니는 악업의 뿌리에 깊게 얽혔으니 그대

한 사람의 힘으로는 어찌할 수 없다. 그대의 효행이 비록 천하에 이름을 떨친다고 하나, 그대의 힘뿐만이 아니라 천신이나 지신, 사마외도의 도사나 사천왕신의 힘으로도 어찌할 수 없고, 오직 시방 대중 승려들의 위신력이라야 비로소 구할 수 있다. 내 이제 마땅히 그대를 위하여 어머니를 구제하는 법을 설하여 온갖 고난에서 벗어나고 모든 업장을 소멸하게 하리라.

목련이여, 시방의 대중 승려들이 자자하는 칠월 십오일에 마땅히 칠세의 부모와 현재의 부모, 그리고 모든 액난을 겪고 있는 중생을 위하여 온갖 음식과 과실을 갖추어 큰 그릇에 담고, 향유로 불을 밝히고, 자리를 와구로 깔아라. 그리고는 세간의 훌륭한 공양구를 모두 갖추어 그릇에 담고 시방의 모든 승려들에게 공양하여라.

이 날은 산속에서 선정에 들었거나 혹은 네 가지 도과(道果)를 얻었거나 혹은 나무 밑에서 경행하거나 혹은 여섯 가지 신통이 자재하여 성문이나 연각을 교화하거나, 혹은 십지(十地)에 이른 대보살이 방편으로 비구의 몸을 나타내어, 그 모든 거룩한 대중들과 함께 한마음으로 발우에 담은 공양을 받게 된다.

청정한 계행을 갖춘 승려의 도는 그 덕이 바다와 같이

넓고 깊다. 이 날 자자를 한 승려들께 공양을 하면, 살아있는 부모와 선망칠대 조상과 여섯 종류 친속들이 모두 삼악도의 고통스런 길에서 벗어나고 해탈을 얻으며 의식이 저절로 갖추어지게 될 것이다.

만약 현재의 부모가 살아있다면 부모의 복락이 백 년에 이를 것이며, 이미 죽었다면 7대의 부모까지 천상에 나고 자재하게 태어나 장엄한 하늘의 광명 속에 들게 되어 한량없는 기쁨을 누리게 되리라."

세존께서 다시 시방의 여러 대중들에게 말씀하셨습니다:

"대중들이 우란분의 공양을 받을 때에는 반드시 공양을 올린 사람과 그 가정, 그의 과거 7대 부모를 위하여 축원을 해야 한다. 그리고 선정에 든 후에 공양을 받을지니라. 처음 공양을 받을 때에는 먼저 불전과 탑 앞에 올려놓고 대중과 함께 축원을 한 다음 공양을 받을지어다."

이때 목련비구와 법회에 모인 많은 보살들은 모두 크게 기뻐하였고, 목련 비구의 슬픔이 사라졌으며, 목련비구의 어머니는 일 겁 동안 받을 아귀의 고통에서 벗어났습니다.

이때 목련이 세존께 말씀드렸습니다:

“세존이시여, 저를 낳은 부모는 이제 삼보의 공덕과 대중스님들의 위신력을 입었습니다. 만일 다가오는 세상에 모든 부처님의 제자가 부모에게 효도하는 도를 행할 때, 이 우란분재의 법을 마땅히 행하여, 현재의 부모와 과거 7대의 선망부모를 구하여 제도하여야 옳지 않겠습니까?”

“참으로 좋은 질문이다. 내가 말하려는 것을 마침 그대가 묻는구나. 선남자여, 만일 비구·비구니·국왕·태자·왕자·대신·재상·백관이나 모든 백성들이 효순의 도를 행하려면, 현세에 낳아 준 부모와 과거 7대의 부모를 위하여 승려들이 자자하는 칠월 십오일에 온갖 음식과 공양구를 그릇에 담고 자자에 참석하신 승려들께 공양하고 발원해야 한다. 그러면 문득 현세의 부모는 수명이 백 년에 이르고, 병이 없을 것이며, 모든 고통과 근심이 없어질 것이다. 또한 과거 7대의 선망조상들은 아귀의 고통에서 벗어나고 천상이나 인간으로 태어나서 끝없는 복락을 누릴 것이다.”

그리고 다시 또 말씀하셨습니다:

“여러 선남자 선여인들이여, 그대들이 여래의 제자로

서 효순의 도를 닦는 자라면 생각생각마다 항상 부모의 은혜를 생각하여라. 현생의 부모와 과거 칠대의 조상을 위하여 해마다 칠월 십오일에 우란분재를 행하여라. 항상 효순하는 마음으로 자기를 낳아 기른 부모와 과거 칠대의 조상을 생각하고 공양구를 지어 여래와 승려들께 올리도록 하여라. 그리하여 낳고 길러 준 부모의 은혜에 보답하라. 모든 불자라면 이 법을 행하여야 한다."

이때 목련비구와 사부대중들은 부처님의 말씀을 듣고 기쁜 마음으로 받들어 행하였습니다.

대승본생심지관경 보은품
大乘本生心地觀經 報恩品

보은품 ①

어느 때 세존께서 삼매에서 조용히 깨어나셔서 미륵보살에게 말씀하셨습니다:

"좋다, 좋다. 그대들 대사(보살)와 모든 선남자가 세간부모를 친근코자 하고, 세간을 벗어나는 법을 듣고자 하고 여여의 이치를 생각코자 하고 여여의 지혜를 닦고자 하여 세존께서 계신 곳에 와서 공양하고 공경하니, 내 이제 심지묘법(心地妙法)을 연설하여 중생을 인도하여 여래의 지혜에 들게 하리라.

이와 같은 묘법은 모든 붓다 여래께서 한량없는 겁이 지나고 나서야 말씀하는 것이다. 여래, 세존께서 세상에 나심을 만나기란 우담발화와 같이 어려운 것이다. 설령 가사 여래께서 세상에 나오셨다해도 이 묘법을 설하시는 것 또한 어렵다. 어찌한 까닭인가. 일체 중생이 대승보살의 행과 원을 멀리 여의고, 성문 연각의 보리에 나아가 생사를 여의고, 영원히 열반에 들어 대승에 상주하는 즐거움의 묘한 과보를 즐기지 아니하기 때문이다.

그러나 모든 여래께서는 법바퀴를 굴려 사실(四失)을 멀리 여의고 상응법을 말씀하신다. 첫째는 그른 곳이 없는 것이요, 둘째는 그른 때가 없는 것이요, 셋째는 그른 근기가 없는 것이요, 넷째는 그른 법이 없는 것이다.

병에 따라 약을 주어 낫게 하심이 곧 여래의 불공(不共)의 덕이나, 성문과 연각은 자재와 모든 보살 불공의 경계를 얻지 못하였기 때문에 보리의 바른 도와 심지법문을 보기도 어렵고 듣기도 어렵다.

만일 이 묘법을 듣고 귀에 한번 스쳐지나가듯 잠깐이라도 생각을 섭수하여 마음을 보는 선남자 선여인이 〔있다면〕 더없는 큰 보리의 종자를 익히 이루고, 오래지 않아 보리수왕 금강자리에 앉아서 아뇩다라삼먁삼보리를 얻을 것이다."

이때 라자그리하 대성에 오백 장자가 있었습니다. 묘덕장자 · 용맹장자 · 선법장자 · 염불장자 · 묘지장자 · 보리장자 · 묘변장자 · 법안장자 · 광명장자 · 만복장자 등 부유한 장자들은 바른 소견을 성취하여 여래와 모든 성자들에게 공양하였습니다. 이들은 세존께서 대승심지법문을 찬탄하심을 듣고 이렇게 생각하였습니다;

'내가 여래께서 금빛 광명을 내고 보살의 어려운 행과 괴로운 행을 비추는 것을 보니, 나는 고행을 행할 마음이 내키지 않는구나. 누가 긴 겁을 생사에 머물러 중생을 위하여 모든 고뇌를 받을 수 있겠느냐'

그리고 곧 자리에서 일어나 오른 팔을 걷고 오른 무릎을 땅에 대어 합장하고 공경히 이구동성으로 부처님 앞으로

나아가 사뢰었습니다:

“세존이시여, 저희들이 대승의 모든 보살의 행을 좋아하지 아니하며, 또한 고행이란 소리조차 듣고 싶지 않습니다. 어찌한 까닭이오인가. 일체 보살이 닦은 행원은 모두 다 은혜를 알고 은혜를 갚는 것이 아닙니다. 무슨 까닭인가. 부모를 멀리 여의고 출가하여 자기 처자의 바람에 따라 보시하고 머리와 눈과 뇌수를 그 구함을 따라 다 보시하며 모든 고통을 받고 3승기겁 동안 모든 법도인 팔만사천 바라밀행을 갖추어 닦아야 생사의 흐름을 초월하여 보리 큰 안락한 곳에 이르게 되나, 이승 도과에 나아가 삼생백 겁에 자량을 수집하여 생사의 인을 끊고 열반과를 증득하여 빨리 안락에 이르러 바야흐로 은혜를 갚는다고 하는 것보다 못합니다.”

이때 세존은 오백장자에게 말씀하셨습니다:

“좋다, 좋다. 그대들이 대승의 찬탄함을 듣고 많음에 퇴전하므로 (내가) 묘한 뜻을 일으켜 미래세 가운데 은덕을 알지 못하는 일체 중생을 이익되고 안락하게 하려 하니, 잘 듣고 잘 생각하여라. 내 이제 그대들을 위하여 세간과 출세간의 은혜 있는 곳을 분별하여 연설하리라.

선남자여, 그대들의 말은 바른 이치라고 할 수 없다. 무슨 까닭인가. 세간과 출세간의 은혜에는 네 가지가 있다. 첫째는 부모의 은혜요, 둘째는 중생의 은혜요, 셋째는 국왕의 은혜요, 넷째는 삼보의 은혜이다. 이 네 가지 은혜는 중생들이 누구나 평등하게 젊어진다.

선남자여, 부모의 은혜라는 것은, 아버지는 자애한 은혜가 있고 어머니는 자비한 은혜가 있다. 만일 내가 이 세상에서 일겁 동안을 머물면서 말할지라도 다하지 못할 것이다. 내 이제 그대들을 위하여 조금만이라도 설하리라.

설령 복덕을 위하여 일백의 청정히 행한 큰 바라문과 일백의 오통한 큰 신선과 일백의 선우를 공경하고 공양하여 칠보의 제일 묘한 집안에 편안히 모시고, 백천 가지 제호 묘한 맛진 차담과 모든 구슬을 드리운 여러 보배의 의복과 전단향과 침향으로 모든 방사를 세우고, 백 가지 보배로 장엄한 평상과 잠자리와 모든 병을 치료하는 백 가지 탕약과 일심으로 백천 겁 동안 공양하는 사람이 〔있더라도〕 한결같은 생각으로 효순한 마음을 가져 적은 물건이라도 어머님의 마음에 들도록 공양하며 편한 곳을 쫓아 공양하고 모시는 것만 같지 못하다. 앞의 공덕은 백천만분의 일도 될 수가 없다.

세간의 어머니가 아들에 대한 염려는 비할 곳 없고 그 은혜는 형상으로 나타나지 아니한 데까지 미친다. 수태로부터 시작하여 열 달을 마치는 동안 걷고 서고 앉고 누울 때마다 받는 고통은 입으로 다 말할 수 없다. 비록 즐거운 것과 음식과 의복을 얻을지라도 사랑스럽게 여기지 아니하며 근심하고 생각하는 마음이 항상 쉴 틈이 없다. 다만 스스로 장차 해산할 것만 생각하여 점차 모든 괴로움을 느껴 밤낮으로 근심하고 고뇌하는 것이다.

만일 해산이 어려울 때에는 백천 칼날로 잡아 베이는 듯하다가 혹 덧없이 되기도 하며 만일 고뇌가 없으면 모든 친척과 권속이 기뻐하고 즐거움이 그지없어 마치 가난한 여자가 여의주를 얻은 듯하여, 그 자식의 첫 울음 소리는 음악을 듣는 것과 같은 것이다.

어머니 가슴으로 잠자리를 삼고 좌우 무릎 위는 항상 놀이터가 되며 가슴속의 감로수로 길러주신 은혜는 하늘보다 넓고, 어여삐 여기신 그 넓고 큰 덕은 비할 데 없나니, 세간의 높은 것이 산악보다 더한 것이 없지만 어머니의 은혜는 수미산보다 높으며, 세간의 무거운 것이 대지보다 앞설 것이 없지만 자비한 어머니의 은혜는 그 보다 넓은 것이다. 그러므로 만일 남녀간에 은혜를 배반하고 효순치 아니하여 그 부모로 하여금 원망스런 마음을 나게 하여 어머니가 악한 말을 내면 아들은 곧 그 말에 따라 혹은 지옥 · 아귀 · 축생에 떨어지게 된다.

세간의 빠른 것이 맹렬한 바람보다 더할 것이 없지만 원망의 보복은 그보다 빨라서 일체 여래와 금강천 등과 오통(五通)한 신선들도 구호할 수 없는 것이다.

만일 어머니의 가르침에 의해서 승순하고 어기는 일이 없는 선남자나 선여인은 모든 하늘이 호위하고 염원하여 복과 즐거움이 다함이 없다. 이러한 남녀는 곧 존귀한 하늘사람의 종류라고 이름하는 것이며, 혹 보살이 중생을 제도하기 위하여 아들이나 딸로 나타나 부모를 이롭게 한다.

만일 어머니의 은혜를 갚기 위하여 일 겁을 지내는 동안 매일 세 때씩 자기의 몸을 베어 부모께 공양하는 선남자 선여인도 하루의 은혜를 갚을 수 없다. 어찌한 까닭인가. 일체 남녀가 탯속에 처하여 입으로 젖꼭지를 빨고 어머니의 피를 마시며, 태에서 나온 뒤에도 어렸을 적에 마시는 어머니의 젖은 백팔십 곡이며, 어머니가 맛있는 음식을 얻으면 먼저 그 아들을 주나니, 보배롭고 묘한 의복도 또한 이와 같아서 어리석고 비루한 정과 사랑하는 것이 둘도 없는 것이다.

옛적에 한 여인이 있었다. 멀리 다른 나라에 갔다가 갓난 아들을 안고 긍가하(항하)를 건너는데, 물이 사납게 넘쳐 힘에 버거워 앞으로 나아갈 수 없었다. 사랑하는 생각을 버리지 못해 어머니와 아들이 함께 죽었다. 이 인자한 마음과 선근의 힘으로 말미암아 곧 색구경천에 태어나고 대범왕이 되었다.

이와 같은 인연으로 어머니에게는 열 가지 덕이 있다. 첫째는 대지(大地)이니 어머니의 탯속에 의지한 까닭이요, 둘째는 능생(能生)이니 모든 괴로움을 겪어서 낳는 까닭이요, 셋째는 능정(能正)이니 항상 어머니의 손으로 오근을 다스리는 까닭이요, 넷째는 양육이니 사시의 마땅함을 따라 기르는 까닭이요, 다섯째는 지자(智者)이니 편리한 방법으로 지혜를 나게 하는 까닭이요, 여섯째는 장엄이니 묘한 영락으로 장엄하게 꾸며 주는 까닭이요, 일곱째는 안온이니 어머니의 품에 안겨 쉬게 되는 까닭이요, 여덟째는 교수(教授)이니 훌륭한 방편으로 아들을 지도하는 까닭이요, 아홉째는 교계(教誡)니 좋은 말로 여러 가지 나쁜 짓을 여의게 하는 까닭이요, 열째는 여업(與業)이니 가업을 아들에게 맡겨 주게 되는 까닭이다.

선남자여, 세상에서 어떤 것이 가장 부자이며 어떤 것이 가장 가난한 것인가. 어머니가 계시는 것을 부자라 하고, 어머니가 계시지 아니한 것을 가난하다고 하며, 어머니가 계실 때를 해가 한낮이라고 하고 어머니가 돌아가신 때를 해가 졌다고 하며, 어머니가 계실 때를 달이 밝았다고 하고 어머니가 돌아가신 때를 어둔 밤이라고 하는 것이다.

그러므로 그대들은 부지런히 더욱 닦아서 부모님을 봉양하고 효도하라. 여래께 공양하는 사람의 복과 평등하여 다름이 없다. 이와 같이 부모의 은혜를 갚아야 한다.

선남자여, 중생의 은혜라는 것은, 곧 시작 없는 때 일체 중생이 백천 겁을 지내는 동안 오도(五道)에 윤전하여 많은 태어남 가운데 서로 부모가 되었나니, 서로 부모가 되었던 까닭에 일체 남자는 곧 자애한 아버지요, 일체 여자는 곧 자비한 어머니이다. 옛적 태어날 때마다 큰 은혜가 있었으므로 현재 부모의 은혜와 평등하여 차별이 없는 것이다.

이와 같은 옛적 은혜도 오히려 갚지 못하였거늘 혹 망녕된 업으로 말미암아 모두 어기고, 순응함에 집착하는 까닭에 도리어 그 원수가 되는 것이다. 무슨 까닭인가. 무명이 숙주지(宿住智)의 밝음을 덮고 가리어 전생에 일찍 부모가 되었으며 갚을 은혜와 서로 이익을 주어야 함을 깨닫지 못하나니, 이를 불효라고 이름하는 것이다.

이 인연으로 모든 중생들에게는 항상 큰 은혜가 있으나 참으로 갚기 어렵다. 이러한 일을 중생의 은혜라고 하는 것이다.

국왕의 은혜라는 것은 복덕이 가장 수승하여 비록 인간에 태어났으나 자재함을 얻었으므로 삼십삼천의 모든 천자들이 항상 그에게 힘을 주어 보호해 주고, 그 나라의 국계와 산과 대지와 큰 바다의 끝까지 국왕에게 소속된다. 한 사람의 복덕이 수승하여 일체 중생의 모든 복보다 더 나은 까닭이다. 이 큰 성왕은 바른 법으로 교화하여 중생들이 모두 다 안락하게 한다. 마치 세간의 일체 전당의 기둥이 근본이 되듯이 인민이 풍락하는 데는 왕이 근본이 되어 왕에 의지하여 있는 까닭이며, 또한 법왕이 만물을 만들어 내는 것과 같다.

성왕이 나라 다스리는 법을 내어 중생을 이롭게 하는 것이며 일(日)천자가 세간을 비추는 것이다. 성왕이 천하 사람을 관찰하여 편안하고 즐겁게 할 수 있는 까닭이다. 왕이 바르게 다스림을 잃으면 인민은 의지할 데가 없다. 만일 바르게 잘 다스리면 여덟 가지 큰 두려움이 그 나라에 들지 못한다; 다른 나라의 침입, 자기 나라의 반역, 악귀의 질병,

국토의 흉년, 때아닌 비 바람, 때가 지난 비바람, 일식과 월식, 별들의 변괴를 말한다. 인왕이 바른 교화로 인민을 이롭게 하면 이와 같은 팔난이 침범할 수가 없다. 어른이 오직 외아들을 두었을 때 사랑함이 비할 데 없고 어여삐 여기며 이롭게 하며 항상 편안하고 즐겁게 하기를 밤낮으로 쉬지 아니하는 것과 같다. 나라의 큰 성왕도 또한 이와 같아서 중생을 평등하게 보아 외아들과 같이 옹호하는 마음을 밤낮으로 쉬지 아니하는 것이다.

이렇듯 임금이 백성에게 십선을 닦게 하므로 복덕주라 하는 것이요, 만일 십선을 닦게 하지 못하면 복덕주가 아니라고 하는 것이다. 어찌한 까닭인가. 만일 왕의 국내에 한 사람이라도 선을 닦아 그 지은 복이 모두 7분이라면 선을 지은 사람은 그 5분을 얻고 저 국왕은 항상 그 2분을 얻는 것이니, 선을 왕 때문에 닦았으므로 복과 이익이 같기 때문이다. 십악업을 지음도 또한 이와 같다. 그 일이 한가지인 까닭이다. 일체 국내에 밭이나 동산이나 숲에서 생산된 물건도 모두 7분이라면 또한 이와 같은 것이다.

만일 바른 소견을 성취하여 법대로 세상을 교화하는 인왕이 있다면 천주라고 이름한다. 하늘의 좋은 법으로 세간을 교화한 까닭이며, 모든 하늘의 선신과 세상을 호위하는 왕이 항상 와서 왕궁을 수호하여 주는 까닭이다. 비록 인간에 처하였으나 하늘의 법을 닦아 행하여 상을 주고 벌을 주는 마음이 편당이 없는 까닭이며, 일체 성왕의 법이 모두 이와 같으니, 이러한 성주는 '바른 법의 왕'이라 한다. 이러한 인연으로써 열 가지 덕을 성취한다. 첫째는 능조(能照)로, 지혜의 눈으로 세간을 비추는 까닭이요, 둘째는 장엄으로, 큰 복과 지혜로 나라를 장엄하게 하는 까닭이요, 셋째는 여락(與樂)으로, 큰 안락을 인민에게 주는 까닭이요, 넷째는 복원(伏怨)으로, 일체 원수와 적이 저절로 복종하는 까닭이요, 다섯째는 이포(離怖)로, 팔난을 물리치고 공포를 여의는 까닭이요, 여섯째는 임현(任賢)으로, 모든 어진 사람을 모아서 나라 일을 논평하는 까닭이요, 일곱째는 법본(法本)으로, 백성이 편히 사는 것이 국왕에 의한 까닭이요, 여덟째는 지세(持世)로, 천왕의 법으로 세간을 호지하는 까닭이요, 아홉째는 업주(業主)로, 선과 악의 모든 업이 국왕에 달린 까닭이요, 열째는 인주(人主)라 하나니, 일체 인민이 왕을 주인으로 삼는 까닭이다.

일체의 국왕이 선세의 복으로 이러한 열 가지 우승한 덕을 성취한 것이다. 큰 범천왕과 도리천이 항상 인왕을 도와 특수하고 묘한 즐거움을 받게 하며, 모든 나찰왕과 모든 신들이 비록 몸을 나타내지는 아니하지만 가만히 와서 왕과 권속을 호위하는 것이다.

왕은 인민이 여러 가지 착하지 못함을 짓는 것을 보고도 제지할 수 없으면 모든 하늘과 신들이 다 멀리 떠난다. 만일 선을 닦는 것을 보면 기뻐하고 찬탄하여 모두 부르짖어 '우리 성왕'이라고 하며, 용과 하늘이 기뻐하고 감로의 비를

뿌려 오곡이 성숙하고 인민이 풍락하고, 만일 모든 악한 사람들을 친근하지 않고 널리 세간을 이롭게 하여 다 바른 교화를 따르게 하면 여의보배구슬이 왕의 나라에 나타나며, 왕의 이웃 나라가 다 와서 귀순하고 복종하며, 사람이나 사람 아닌 것이 칭탄치 아니함이 없다. 만일 그 나라 안에서 역적의 마음을 내는 악한 사람이 있다면 잠깐 동안에 이 사람은 복이 스스로 쇠감하여 목숨이 마치면 지옥 속에 떨어지고 축생을 거쳐 모든 괴로움을 고루 받게 된다. 어찌한 까닭인가. 성왕의 은혜를 알지 못하고 모든 악하고 거슬림을 일으켜 이러한 보를 받게 되는 것이다.

만일 선한 마음을 행하여 어진 왕을 공경하여 돕고 존중하기를 여래와 같이 하는 인민이 있다면 이 사람은 현재 세상에 안온하고 풍락하며 원하고 바람이 있다면 마음대로 되지 않는 것이 없다. 어찌한 까닭인가. 일체 국왕은 과거에 일찍 여래의 청정한 금계를 받았으므로 항상 인왕이 되어 안온하고 쾌락하기 때문이다.

이 인연으로 어기고 수순하는 과보가 모두 메아리와 같다. 성왕의 은혜와 덕이 넓고 큰 것이 이와 같은 것이다.

선남자여, 삼보의 은혜라는 것은, 부사의하게 중생을 이롭고 즐겁게 하여 쉼이 없는 것이라 함이다. 이는 모든 여래의 몸이 참으로 선하여 빠짐이 없으며 수없는 큰 겁 동안 닦은 인으로 얻은 삼유(나는 찰나의 생유 · 본유 · 죽는 찰나의 사유)의 업과가 영원히 다하여 남음이 없어 공덕의 보배산이 비할 수 없이 높고 높으므로 일체 유정으로서는 알 수 없다. 복과 덕이 매우 깊어 큰 바다와 같고 지혜가 막힘이 없어 허공과 같으며 신통과 변화가 세간에 충만하며 밝은 빛 두루 시방삼세에 비친다.

일체 중생은 번뇌와 업장을 모두 깨닫지 못하고 고해에 잠겨 생사가 다함이 없지마는 삼보는 세상에 출현하여 큰 뱃사공이 되어서 사랑의 흐름을 끊고 저 언덕에 뛰어 오르게 하니 모든 지혜 있는 이가 다 우러러 본다.

선남자여, 오직 한 불보에는 세 가지 몸을 갖추었으니, 첫째는 자성신(自性身)이요, 둘째는 수용신(受用身)이요, 셋째는 변화신(變化身)이라. 제1 불신은 큰 단덕(斷德:여래가 모든 덕을 끊는 일)이 있으니, 이공(二空)에 나타나는 것으로 일체 모든 붓다가 다 평등한 것이요, 제2 불신은 큰 지혜의 덕이 있나니 진(眞)과 상(常)에 빠짐이 없는 일체 모든 붓다가 다 뜻이 같음이요, 제3 불신은 큰 은덕이 있나니, 정(定)과 통(通)으로 변화하여 나타나는 모든 붓다의 일이 같다.

선남자여, 그 자성신이라는 것은 처음도 없고 마침도 없으며 일체 모양을 여의었고 모든 희롱과 의론이 끊어져서 두루 원만하고 끝이 없는데 응연히 항상 머무르는 것이다. 수용신은 두 가지 모양이 있으니, 첫째는 자(自)수용신이요, 둘째는 타(他)수용신이다. 자수용신은 삼승 기겁에 닦은 만 가지 행으로 모든 중생을 이롭고 편안하고 즐겁게 한 뒤에 십지의 만족한 마음으로 몸을 운전하여 바로 색구경천에 가서 삼계에 뛰어나 정묘한 국토에서 수와 한량이 없는 큰 보배연꽃에 앉으면 말할 수 없는 바다와 같이 모인 보살이 앞뒤로 둘러싸고 티없는 비단으로 이마 위에 달고 공양하며 공경하고 존중하며 찬탄한다. 이런 것을 후세보의 이익이라고 하는 것이다.

이때 보살이 금강의 정에 들어 일체 자잘하게 아는 모든 번뇌의 업장을 끊고 아뇩다라삼먁삼보리를 증득하는 것이다. 이와 같은 묘한 과보를 현재보의 이익이라고 한다. 이것은 참 보신이어서 처음은 있어도 마침은 없어서 수명의 겁 수가 한량없는 것이다.

처음 정각을 이룬 것으로부터 영원히 모든 근기와 상호가 법계에 두루하며 네 가지 지혜가 원만하다. 이것은 참 보신이 수용하는 법락인데 첫째는 대원경지(大圓鏡智)니 이숙식(異熟識)을 굴려 이 지혜를 얻은 것으로 뚜렷한 거울에 모든 색과 모양이 나타나듯이, 이와 같은 여래의 경지 가운데 중생의 선과 악의 업이 나타나는 것이다. 이런 인연으로 이 지혜를 대원경지라고 하는 것이다. 큰 자비에 의한 까닭에 항상 중생을 반연하고, 큰 지혜에 의한 까닭에 항상 법성과 같으며 진과 속을 둘로 보되 사이가 없어 항상 빠짐이 없는 근기의 몸을 가지므로 일체 공덕의 의지가 된다.

둘째는 평등성지(平等性智)니, 나라고 보는 알음알음을 뒤엎어 이 지혜를 얻었나니, 그러므로 자기와 남이 평등한 두 무아성을 증득하였나니, 이와 같은 것을 평등성지라 하는 것이다.

셋째는 묘관찰지(妙觀察智)니, 분별하는 알음알음을 뒤엎어 이 지혜를 얻었으므로 모든 법의 자기 모양과 한가지인 모양을 관찰하여 대중의 모임 앞에 모든 묘한 법을 말하여 중생이 불퇴전을 얻게 하므로 묘관찰지라 한다.

넷째는 갖가지 지혜를 성취하는 지혜〔成所作智〕니, 다섯 가지 알음알음을 뒤엎어 이 지혜를 얻고 일체 가지가지 화신을 나타내시어 모든 중생이 숙세의 선업을 성숙하게 한다. 이러한 인연으로 지은 지혜를 이룬다고 하는 것이다. 이와 같은 네 가지 지혜가 우두머리가 되어 팔만사천 지혜의 문을 구족하였으니, 이러한 일체 모든 공덕법을 여래 자수용신이라 이름한다.

선남자여, 둘째는 여래 타수용신이니, 팔만사천 상호를 구족하여 진정한 땅에 계시면서 일승법을 말씀하시어 모든 보살들이 대승의 미묘한 법락을 수용케 하며 일체 여래가 십지의 모든 보살들을 위하여 열 가지 타수용신을 나타낸다.

제 1 불신은 백 잎 연꽃에 앉아 초지(初地)보살을 위하여 백법명문을 말씀하시면 보살이 깨달은 뒤에 큰 신통을 일으켜 변화하여 백 불세계에 가득한 수없는 중생을 이롭고 편안하고 즐겁게 하는 것이다. 제 2 불신은 천 잎 연꽃에 앉아 이지보살을 위하여 천법명문을 말씀하시면 보살이 깨달은 뒤에 큰 신통을 일으켜 변화하여 천 불세계에 가득한 한량없는 중생을 이롭게 편안하고 즐겁게 하는 것이다. 제 3 불신은 만일 연꽃에 앉아 삼지보살을 위하여 만법명문을 말씀하시면 보살이 깨달은 뒤에 큰 신통을 일으켜 변화하여 만 불국토에 가득한 수없는 중생을 이롭고 편안하고 즐겁게 하는 것이다.

이와 같이 여래께서 점점 증장하여 이에 십지 타수용신에 이르러서는 말할 수 없는 모든 묘하고 보배로운 연꽃에 앉아 십지보살을 위하여 말할 수 없는 모든 법명문을 말씀하시면 보살이 깨달은 뒤에 큰 신통을 일으켜 변화하여 말할 수 없는 미묘한 국토에 가득한 말할 수 없고, 말할 수 없이 한량없고 끝이 없는 종류의 중생을 이롭고 편안하며 즐겁게 한다.

이러한 십신이 모두 칠보 보리수왕에게 앉아 아뇩다라삼먁삼보리를 증득한다.

모든 선남자여, 낱낱의 꽃잎이 각기 한 삼천세계가 되며 각각 백억 묘고산왕과 사대주와 해 · 달 · 별들이 있으며 삼계의 모든 하늘이 구족치 아니함이 없다. 낱낱 잎 위의 모든 섬부주에 금강의 자리 보리수왕이 있는데, 백천만으로 헤아릴 수 없는 크고 작은 화신의 붓다들이 각기 나무 밑에서 마군을 깨뜨린 뒤에 일시에 아뇩다라삼먁삼보리를 얻는다.

이러한 크고 작은 화신 붓다가 각각 삼십이상 · 팔십종호를 구족하여 모든 자량과 사선근과 모든 보살들과 이승과 범부를 위하여 편의대로 삼승의 묘법을 말씀하시고 모든 보살을 위하여 육바라밀을 말씀함으로써 아뇩다라삼먁삼보리인 구경불혜(無上正等正覺; 위없는 붓다의 큰 깨달음)를 얻게 하며, 벽지불을 구하는 이를 위하여 십이인연법을 말씀하며, 성문을 구하는 이를 위하여 사제법을 말씀하여 생 · 노 · 병 · 사를 건너 마침내 열반하게 하며, 남은 중생을 위하여 인천의 가르침을 말씀하여 인천의 편안하고 즐거운 묘한 과를 얻게 한다.

이렇듯 크고 작은 모든 화신 붓다는 다 붓다의 변화한 몸이라 하는 것이다.

선남자여, 이러한 두 가지 응 · 화신 붓다는 비록 멸도를 나타낼지라도 이 불신은 상속하여 항상 머문다.

모든 선남자여, 한 불보 같지만 이렇듯 한량없고 끝없고 불가사의하며 중생을 이롭고 즐겁게 하는 넓고 큰 은덕이 있다. 이 인연으로 여래 응공 · 정변지 · 명행원만 · 선서 · 세간해 · 무상사 · 조어장부 · 천인사 · 불 · 세존이라고 이름한다.

선남자여, 한 불보 속에 여섯 가지 미묘한 공덕이 구족하였나니, 첫째는 위없는 대공덕전이요, 둘째는 위없는 큰 덕이 있음이요, 셋째는 외발 · 양 발 · 많은 발을 가진 중생 중에서 높음이요, 넷째는 우담발화만큼이나 만나기 어려움이요, 다섯째는 홀로 삼천대천세계에 출현함이요, 여섯째는 세간과 출세간의 공덕이 일체 뜻에 원만함이니, 이와 같은 여섯 가지 공덕이 구족하여 항상 일체 중생을 이롭고 즐겁게 할 수 있으므로 불보의 부사의한 은혜라고 이름하는 것이다."

이때 오백장자가 부처님께 여쭈었습니다:

"세존이시여, 부처님께서 말씀하신 것과 같이 한 불보 속에 한량없는 화신의 부처님이 세상에 충만하시어 중생을 이롭고 즐겁게 하신다면 무슨 까닭으로 세간 중생이 많이 부처님을 뵈옵지 못하고 모든 고뇌를 받습니까."

부처님께서 오백장자에게 말씀하셨습니다:

"마치 일광 천자가 백천 빛을 내어 세상을 비추어 밝게 하지만 그 빛을 보지 못하는 장님이 있는 것과 같다. 그대 선남자들의 생각은 어떤가. 일광천자에게 잘못이 있는가?"

그때 장자가 대답하였습니다: "아닙니다. 세존이시여."

부처님께서 말씀하셨습니다:

"선남자여, 모든 붓다 여래께서 항상 바른 법을 연설하시어 중생을 이롭고 즐겁게 하시지만, 모든 중생이 항상 악업을 지어 모두 깨달아 알지 못하고 부끄러워 하는 마음이 없어 불·법·승에 친근하기를 즐기지 아니한다. 이러한 중생은 죄근이 깊고 무거워 한량없는 겁이 지나도록 삼보의 이름조차 보고 듣지 못한다. 마치 저 장님이 일광을 보지 못하는 것과 같다.

만일 여래를 공경하며 대승을 사랑하고 즐기며 삼보를 존중하는 중생이 있다면, 알아야 한다. 이 사람은 업장이 소멸하고 복과 지혜가 증장하여 선근을 성취하여 빨리 붓다를 뵐 수 있고, 생사를 멀리 여의고 곧 보리를 증득할 것이다.

모든 선남자여, 한 불보 속에 한량없는 붓다가 계시듯이 여래께서 말씀하신 법보도 그러하다. 한 법보 속에 한량없는 뜻이 있는 것이다. 선남자여, 법보 가운데 네 가지가 있다. 첫째는 교법(教法)이요, 둘째는 이법(理法)이요, 셋째는 행법(行法)이요, 넷째는 과법(果法)이다. 일체 샘이 없는 이는 무명과 번뇌와 업장을 파괴 할 수 있나니, 성(聲)과 명(名)과 구(句)와 문(文)을 교법이라 하고, 무와 유의 모든 법을 이법이라고 하며, 계와 정과 혜와 행을 행법이라고 하며, 함과 함이 없는 과를 과법이라고 한다. 이러한 네 가지를 법보라고 하는 것이니, 중생을 인도하여 생사의 바다를 벗어나 저 언덕에 이르게 하는 것이다.

선남자여, 모든 붓다가 스승으로 삼는 것이 바로 법보이다. 어찌한 까닭인가. 삼세의 모든 붓다가 법에 의지하여 닦고 행하며 일체 업장을 끊고 보리를 성취하여 영원히 중생을 이롭게 하기 때문이다. 이 인연으로 삼세 여래께서도 항상 모든 바라밀의 묘한 법보를 공양하시는데 하물며 삼계의 해탈을 얻지 못한 삼계의 일체 중생이 미묘한 법보를 공경치 아니할 것이랴.

선남자여, 내가 옛적에 일찍 법을 구하는 인왕이 되어 큰 불구덩이에 들어가 바른 법을 구하여 영원히 생사를 끊고 큰 보리를 얻었다. 그러한 법보는 일체 생사의 감옥을 깨뜨리는 것이 마치 금강이 만물을 무너뜨림과 같다. 법보가 어리석고 어두운 중생을 비침이 일(日)천자가 세계를 비치는 것과 같으며, 법보가 가난하고 궁핍한 중생을 구원함이, 마니구슬이 모든 보배를 비춤과 같고, 법보가 중생에게 기쁘고 즐거움을 주는 것이 하늘북이 모든 하늘을 즐겁게 하는 것과 같은 까닭이요, 법보가 모든 하늘의 보배 섬돌이 되나니, 바른 법을 들으면 하늘에 태어남을 얻는 까닭이며, 법보가 굳고 굳은 한 큰 배가 되어 생사의 바다를 건너 피안에 이르게 하는 까닭이며, 법보가 전륜성왕과 같나니, 삼독번뇌의 도적을 제거하는 까닭이며, 법보가 보배롭고 묘한 의복이 되나니, 부끄럼 없는 모든 중생을 덮어주는 까닭이며, 법보가 마치 금강의 갑옷과 같나니, 네 마군을 깨뜨리고 보리를 증득케 하는 까닭이요, 법보가 지혜의 예리한 칼과 같나니 생사를 끊고 속박을 여의게 하는 까닭이요, 법보가 바로 이 삼승 보배수레 중생을 운전하여 화택에서 벗어나게 하는 까닭이요, 법보가 일체 밝은 등과 같나니 삼도의 어두운 곳을 비추는 까닭이며, 법보가 활과 화살과 창과 같나니 능히 나라 경계를 진압하고 원수와 적을 꺾는 까닭이요, 법보가 험한 길에 길잡이와 같나니 중생을 잘 인도하여 보배가 있는 곳에 도달하게 하는 까닭이다.

선남자여, 삼세여래께서 말씀하신 묘한 법에는 이와 같은 헤아리기 어려운 일이 있으니, 법보의 부사의한 은혜라고 이름하는 것이다.

선남자여, 세간과 출세간에는 세 가지 승(僧)이 있나니, 첫째는 보살승이요, 둘째는 성문승이요, 셋째는 범부승이다. 문수사리나 미륵 등은 보살승이고, 사리불과 목건련 등은 성문승이다. 만일 별해탈의 계를 성취함이 있는 이는 참으로 좋은 범부요, 나아가서 일체 바른 소견을 구족하여 능히 널리 다른 이를 위하여 여러 성도의 법을 연설하고 열어 보여 중생을 이롭고 즐겁게 하는 이를 범부승이라고 이름한다.

비록 샘이 없는 계와 정과 지혜와 해탈을 얻지 못하였으나 공양이라도 하는 자는 한량없는 복을 얻는다. 이러한 세 가지를 '참으로 복전이 되는 스님'이라고 한다. 또 다른 복전중이라 하는 무리가 있으니, 붓다의 사리와 붓다의 형상과 법과 중과 성인이 지은 계를 깊이 공경하고 믿음을 내어 스스로 삿되게 봄이 없고 다른 사람도 또한 그렇게 하게 하여 바른 법을 선전하고 일승을 찬탄하며 깊이 인과를 믿고 항상 착한 서원을 내어 잘못된 허물을 참회하여 업장을 없애는 사람을 말한다. 알아야 한다. 이 사람은 삼보를 믿는 힘이 모든 외도보다 백천만배나 나으며 사전륜왕보다도 나은 것이다. 하물며 다른 류의 일체 중생이랴.

울금 꽃이 비록 시들어졌을지라도 오히려 일체 모든 잡류의 꽃보다 낫듯이, 바르게 보는 비구가 또한 이와 같이 다른 중생보다 백천만배나 나으며 비록 금계를 허물어뜨렸을지라도 바른 소견은 파괴되지 아니하나니, 이 인연으로 복전승이라고 한다.

많일 이러한 복전승을 공양하는 선남자 선여인이 얻은 공덕은 다함이 없어서 앞에 말한 세 진실한 승보를 공양하여 얻은 공덕과 똑같아 다름이 없다.

이러한 네 가지의 성과 법의 승과 보가 중생을 이롭고 즐겁게 하여 항상 잠시도 쉬지 아니하나니, 이것이 승보의 헤아릴 수 없는 은혜라고 하는 것이다."

이때 오백장자는 부처님께 여쭈었습니다:

"세존이시여, 저희들이 오늘 부처님의 법음을 듣고 삼보가 세간을 이롭게 하는 것을 알았습니다. 그러나 이제 무슨 까닭에 불 · 법 · 승이 보배라 말씀하는지 알지 못하겠습니다. 부처님께서는 풀어 말씀하시고 나타내 보이시어, 여기 모인 대중과 미래 세계에 삼보를 공경하며 믿는 일체 유정이 영원히 의심의 그물을 끊고 무너지지 않을 믿음을 얻어 삼보의 헤아릴 수 없는 바다에 들게 해 주십시오."

이때 부처님께서 모든 장자에게 말씀하셨습니다:

"좋다, 좋다. 그대 선남자들이여, 여래의 매우 깊고 묘한 법을 물을 수 있으니, 미래세의 일체 중생을 이롭고 편안하고 즐겁게 하겠구나. 세간에서 가장 진귀한 보배가 열 가지 이치를 구족하여 국경을 장엄하게 하고 유정을 이롭게 하듯이 불 · 법 · 승보도 이와 같다. 첫째는 견뇌(堅牢)니 마니 진주를 사람들이 깨뜨릴 수 없듯이 불 · 법 · 승보도 이와 같아 외도나 천마도 깨뜨리지 못한다. 둘째는 무구(無垢)니 세간의 좋은 진주가 맑게 빛나고 깨끗하여 티끌과 더러운 것이 섞이지 아니하듯이 불·법·승보도 이와 같아 모두 번뇌와 티끌과 때를 멀리 여의는 것이다. 셋째는 여락(與樂)이니 천덕병이 안락을 주듯이 불·법·승보도 이와 같아 능히 중생에게 이 세상과 저 세상의 즐거움을 주는 것이다. 넷째는 난우(難遇)니 길상의 보배가 드물어 얻기 어렵듯이 불·법·승보도 업장인 유정은 억겁에도 만나기 어려운 것이다. 다섯째는 능파(能破)니 여의주가 가난하고 궁핍한 것을 깨뜨리듯이 불·법·승보도 이와 같아 세간의 모든 가난하고 괴로운 것을 깨뜨리는 까닭이다. 여섯째는 위덕(威德)이니 전륜왕이 가진 윤보가 모든 원수를 복종시키듯이 불·법·승보도 이와 같아서 여섯 신통을 갖추어 네 마군을 항복시키는 것이다. 일곱째는 만원(滿願)이니 마니구슬이 마음에서 구하는 대로 여러 보배를 내려주듯이 불·법·승보도 이와 같아 중생이 닦은 착한 서원을 원만케 하는 것이다. 여덟째는 장엄이니 세상 보배로 왕궁을 장엄하게 하듯이 불·법·승보도 이와 같아 법왕의 보리보궁을 장엄하게 하는 것이요, 아홉째는 최묘(最妙)니 하늘의 묘한 보배가 가장 미묘함이 되듯이 불·법·승보도 이와 같아 모든 세간에서 가장 좋고 묘한 보배보다 뛰어난 것이요, 열째는 불변(不變)이니 순금은 불에 들어가도 변치 아니하듯이 불·법·승보도 이와 같아서 세간의 여덟 가지 바람이 기울

이고 움직이지 못하는 것이다. 불·법·승보는 한량없는 신통과 변화를 구족하여 유정을 이롭고 즐겁게 하여 잠시도 쉬지 않는다. 이런 까닭에 불·법·승보을 보배라고 말한 것이다.

선남자여, 내가 그대들을 위해 대략 네 가지 세간과 출세간의 은혜가 있는 곳을 말하였으니, 그대들은 깨달아 보살의 행을 닦아 이러한 네 가지 은혜를 갚을지어다."

이때 오백장자는 부처님께 여쭈었습니다:

"세존이시여, 이 네 가지 은혜는 매우 갚기 어렵사온데 무슨 행을 닦아야 이 은혜를 갚을 수 있겠습니까."

부처님께서 모든 장자에게 말씀하셨습니다:

"선남자여, 보리를 구하는 데에는 세 가지 십 바라밀이 있다. 첫째는 열 가지 보시바라밀다요, 둘째는 열 가지 친근바라밀다요, 셋째는 열 가지 진실바라밀다이다. 만일 아뇩다라삼먁삼보리의 마음을 내는 삼천대천세계에 칠보를 한량없이 가득 채워 빈궁한 중생에게 보시하는 선남자와 선여인이 있다면 이 보시는 다만 보시바라밀다라 할 뿐 진실바라밀다라고는 하지 못한다. 만일 큰 자비의 마음을 내어 더없는 정등 보리를 구하기 위하여 자기 처자를 남에게 보시하고도 마음으로 인색하고 아낌이 없으며 내게 몸의 살과 손과 발과 머리와 눈과 뼈와 뇌 및 몸과 목숨을 구하는 이에게 보시하는 선남자와 선여인이 있다면 이 보시는 다만 친근바라밀다라 할 뿐 진실바라밀다라고는 하지 못한다. 만일 선남자와 선여인이 더없는 큰 보리의 마음을 내어 아무 소득이 없으면서도 진실한 법 열네 구의 게송으로 한 중생에게 보시하여 그로 하여금 더없는 정등보리에 나아가게 한다면 이를 진실한 바라밀다라 한다. 앞에 말한 두 보시는 은혜를 갚는다고 말하지 못할 것이다.

만일 선남자와 선여인이 이와 같이 세번째 진실바라밀다를 닦을 수 있으면 이에 진실로 네 은혜를 갚는다 말한 것이다. 어찌한 까닭인가. 앞의 두 보시는 무엇인가 얻으려는 마음이 있고, 세번째 보시는 얻으려는 마음이 없음이니 진실한 법으로 한 유정에게 보시하여 그가 더없는 큰 보리의 마음을 내게 한다면 이 사람이 보리를 증득할 때에는 한없이 널리 중생을 제도할 것이며 삼보의 종자를 이어 끊어지지 않게 할 것이다. 그러므로 은혜를 갚는다고 하는 것이다."

이때 오백장자는 세존으로부터 이 옛적에 듣지 못했던 은혜 갚는 법을 듣고 마음이 기뻐 아직까지 없었던 것을 얻고 마음을 깨우쳐 더없는 보리를 구하여 인욕 삼매를 얻고 부사의한 지혜에 들어가 영원히 퇴전치 아니하였습니다.

이때 모임 가운데 팔만사천 중생이 보리심을 깨우쳐 견고한 믿음과 삼매를 얻었고 바다 같이 모인 대중은 모두 다 금강 인욕삼매를 얻어 무생인과 유순인을 깨달았으며 혹은 초지를 증득하여 불기인(不起忍)을 얻었고 한량없는 중생은 보리심을 내어 퇴전치 않는 자리에 머물렀습니다.

이때 부처님께서 오백장자에게 말씀하셨습니다:

"만일 미래세 가운데 이 '심지관보사은품'을 얻어 들어 간직하고 읽고 익혀 풀어 말하고 써서 널리 유포케 하는 일체 중생이 있다면 이 사람들은 복과 지혜가 늘고 모든 하늘이 호위하며 몸에 병이 없고 수명이 연장될 것이며, 만일 목숨이 마칠 때는 곧 미륵 내궁에 태어나 백호상을 보고 생사를 초월하여 용화삼회에서 해탈을 얻어 시방정토에 뜻대로 가서 태어나 여래를 뵈옵고 법을 듣고 정정취(正定聚)에 들어 속히 아뇩다라삼먁삼보리와 여래의 지혜를 이룰 것이다."

보은품 ②

이때 왕사대성의 동북쪽 팔십유순에 증장복이라는 한 작은 나라가 있었는데, 그 나라 안에 지광이라는 한 장자가 있었습니다. 늙도록 한 아들을 두었는데, 성질이 악하여 부모께 순종치 아니하며 가르침에 복종치 아니하였습니다.

마침 석가모니 여래께서 왕사성 기사굴산에 계시면서, 흐르고 악한 세상의 중생을 위하여 대승의 은혜 갚는 법을 연설하신다는 것을 듣고 부모와 아들과 권속들이 함께 법을 듣기 위하여 공양구를 싸가지고 세존의 처소에 나아가서 공양하고 공손히 부처님께 사뢰었습니다:

"저에게는 성질이 포악하여 부모의 가르침을 받지 않는 아들이 있습니다. 이제 세존께서 네 가지 은혜 갚는 것을 말씀하신다는 것을 듣고 법을 듣기 위하여 부처님의 처소에 왔습니다. 세존께서는 저희들의 무리 모든 권속을 위하여, 네 가지 은혜의 매우 깊고 묘한 뜻을 연설하시어, 저 악한 아들이 효순한 마음을 내어 이 세상에 나서 안락을 얻게 하여 주십시오."

이때 부처님께서 지광에게 말씀하셨습니다:

"좋다, 좋다. 그대가 법을 위하여 나의 처소에 이르러 공양하고 공경하며 이 법 듣기를 좋아하니, 그대들은 진실히 듣고 잘 생각하시오. 만일 보리의 마음을 깨어 법요를 듣기 위하여 멀고 가까움에 따라 작은 티끌 같은 수량의 땅을 걸어 온 선남자와 선여인이 있다면 이 인연으로 금륜성왕을 감득하여 성왕의 과보가 다하면 욕천왕이 되고 욕천왕의 과보가 다하면 범천왕이 되어서 여래를 뵈옵고 법을 들어 빨리 묘한 과보를 증득할 것이다.

그대 큰 장자와 다른 무리들이 법을 위하여 나의 처소에 이르렀으니, 이와 같이 팔십유순의 큰 땅 적은 티끌을 지내온 낱낱 티끌 수로 인천륜왕의 과보를 감득하고 이미 법을 듣고서 곧 아뇩다라삼먁삼보리를 증득할 것이다. 내가 비록 먼저 매우 깊은 네 가지 은혜의 미묘한 뜻을 말하였으나 이제 다시 그대를 위하여 거듭 이 뜻을 풀어 게송으로 말하리라."

"가장 수승한 법왕인 큰 성주는
일체 인천에 짝할 이 없으며
모든 상호로 장엄하셨고

지혜 바다 허공 같아 셀 수 없으며
나와 남을 이롭게 하는 행은 원만하고
이름이 널리 모든 국토에 들리며
길이 번뇌와 다른 반연을 끊고
잘 밀행으로 근기를 호위하며
백사십 가지 남다른 덕과
넓고 큰 복의 바다 다 원만하고
삼매와 신통을 모두 구족하고
팔자재궁에 항상 노닐으시네.
시방 인천과 외도들은
조어사를 논할 수 있는 이 없고
금 입에서 막힘 없는 변재로써
묻는 이 없더라도 말씀하시네.
바다의 조수가 때를 잃지 않듯
하늘 북이 하늘 마음 맞게 하듯이
이렇게 자재한 이 여래께서는
오통한 신선과 마군 범천 따위 아니네.
생각키 어려운 겁 동안에 행원을 닦아
이러한 큰 신통을 증득하셨다네
내가 삼매 큰 적정한 집에 들어
모든 근기와 약과 병을 관찰하고
선정으로부터 나와서는
삼세불법 심지관문을 찬탄했지만

모든 장자 대승에서 퇴전하고
이승의 스스로 이로운 행 즐기므로
내가 큰 지혜 방편 가르침 열고
삼공의 해탈문에 이끌어 들여
여래의 뜻을 헤아릴 수 있는 이 없고
여래만이 참 비밀을 알 수 있도다
예리한 근기인 성문과 독각과
부지런히 퇴전치 않음을 구하는 모든 보살이
12겁 동안 함께 헤아려도
적은 양도 알 수 있는 이 없네
시방의 범부와 성인의 지혜 있는 이들이
한 사람에게 지혜 있다고 추대하여
이러한 이가 대숲과 같을지라도
적은 양도 헤아리지 못하네
세간 범부는 지혜의 눈이 없어서
은혜 있는 곳을 흐려 묘과를 잃고
오탁 악한 세간 모든 중생은
은혜를 알지 못해 은덕을 배반하네
내가 네 가지 은혜를 설명하여
바른 소견인 보리도에 들게 하리라
자비하신 부모님의 길러주신 은혜로
일체의 남녀가 모두 안락해지네
아버지의 높은 은혜는 큰 산과 같고

어머니의 깊은 은혜는 바다와 같나니
만일 내가 세간에 1겁 동안 머물지라도
자비로운 어머니의 은혜는 다할 수 없네.
내 이제 대략 조금 말한 것은
뱀이 큰 바닷물 마신 듯 작고
만일 복덕을 위하여
청정한 바라문과
오통한 신선과 자재한 이와
크게 지혜 있는 사장(師長)과 선우에게 공양하고
칠보로 만든 집과
우두전단으로 만든 방에 편안히 모시고
백 가지 보배로 만든 침구를 베풀며
세간의 아름다운 감로 같은 음식과
만병을 치료하는 모든 탕약을
금은 그릇 속에 가득히 담아
이렇듯 날로 삼시 공양하며
수백 겁 동안 계속하는 사람이 있더라도
한결같은 생각을 잠깐 동안 펴서
어머니의 큰 은혜 밭에 공양함과 같지 못하네
복덕이 끝이 없어 헤아릴 수 없고
숫자나 말로 견줄 수 없나니
세간의 어머니가 아들을 배었을 때
열 달 동안 태를 품어 고통이 길고

오욕락의 정을 붙이지 못하고
수시로 음식까지 그러하리니
밤낮 항상 민망한 마음을 품어
걷든 서든 앉든 눕든 고통을 받고
만일 태장의 아들을 낳는다면
칼날로 사지를 깎는 듯하여
정신 흐려 동서인지 분별 못하고
온몸이 아파 견딜 수 없네
난산으로 목숨이 끊어지게 되면
육친 권속 모두 다 슬퍼하나니
이 많은 고통이 다 아들 때문이니
근심 슬픔 고통이 다 말 못하리
만일 평복하여 몸이 안락하면
가난한 이 보배 얻은듯 즐거워 하고
그 모습 아무리 보아도 싫증 안 내고
예뻐하는 마음 잠시도 쉬지 않네
모자 온정 이와 같아서
나나 드나 가슴속에서 떠나지 않고
어머니 젖은 감로의 샘과 같아서
자라는 동안에 마를 날이 없네
사랑하신 은혜 어디에도 견주기 어렵고
길러주신 많은 덕은 또한 셀 수 없어
세간에서 대지가 두텁다 해도

부모의 은혜는 그보다 더 중하네
세간에서 수미산이 높다 하지만
어머니의 은혜 그보다 더 높으며
세간에서 폭풍만이 빠르다고 하나
어머니의 일념은 그보다 더하네
만일 불효를 향하는 중생 있다면
어머니께 잠시라도 원한 나게 해
원망하는 말이 조금이라도 생기면
아들은 그 말대로 고난을 받네
일체 여래와 금강천과
신선의 비법으로도 구할 수 없고
만일 어머니 교훈 따라
얼굴빛 승순해 어기지 않는 남녀가 있다면
일체의 재난이 모두 소제되고
모든 하늘 옹호하여 늘 안락하고
만일 자비로운 어머니를 승순한다면
이 남녀는 모두다 범상을 넘네
대자비한 보살 인간으로 변해
은혜 갚는 모든 방편 나타냈으니
만일 어머니의 은혜를 갚기 위해
효도를 행하는 남자나 여인이 있어
살을 베고 피를 뽑아 항상 공양하여
겁의 세월에 가득토록 하며

가지가지 효도를 닦는다 할지라도
오히려 잠시의 은혜를 갚지 못하나니
열 달 동안 태장 속에 있으면서
젖뿌리를 물어 기름과 피를 마셨으며
갓난애로부터 동자되기까지
마신 젖은 백여 곡을 넘으며
음식이나 탕약이나 좋은 의복은
아들 먼저 어미 뒤, 한결같이 했으며
어리석은 자식을 남은 미워하나
어머니는 어여쁘다 버릴 수 없네
옛적에 아들 안고
항하의 거센 물을 건너가다가
물이 넘쳐 함께 빠져 죽어도
아들 놓지 않은 여인이 있었네
자비로운 이 선근의 힘으로
목숨을 마치고 범천에 태어나
길이 범천삼매의 낙을 받았으며
여래 만나 여래의 기별 받았네
어머니에게 열 가지 덕이 있는데
뜻에 따라 이름을 붙였네
첫째는 대지요, 둘째는 능생〔能生〕이며
셋째는 능정〔能正〕이요, 넷째는 양육이며
다섯째는 지혜를 주심이요, 여섯째는 장엄하심이며

일곱째는 안온함이요, 여덟째는 가르침이며
아홉째는 훈계하심이요, 열째는 업을 주심이니
다른 은혜론 이 은혜를 넘지 못하네
무엇이 세간에 가장 부유한 것이며
무엇이 세간에 가장 빈약한 것인가
어머니 계신 것이 제일 부유한 것이요
어머니 계시지 않는 것이 가난한 것이며
어머니 계시는 때를 한낮이라 하고
어머니 돌아가신 때를 해가 졌다 하며
어머니 계시는 때는 모두 원만하고
어머니 돌아가신 때는 모두 허전해지네
세간 일체 선남선녀여
부모 은혜 중한 것이 산과 같으니
효심을 항상 간직해
은혜를 알고 갚는 것이 성스러운 길
몸을 아끼지 말고 맛진 음식 받들어
한때라도 봉양함을 잊지 말지니
부모가 돌아가신 때는
갚고자 하나 진실로 미칠 수 없네
여래도 어머니 위하여 닦고 행하고
금빛 상호 몸을 감득하시고
이름이 온 시방에 들리어
일체 인천 모두 머리 조아린다네

사람도 비인간도 모두 공경하고
전날 어머니의 은혜를 갚은 까닭에
내가 삼십삼천궁에 올라가
석 달 동안 어머니 위해 참 법을 설해
어머니가 법문 듣고 바른 도에 귀의하여
무생인을 깨쳐 퇴전치 않게 하였으니
이것은 모두 자비한 은혜를 갚기 위한 것이지만
그 갚은 은혜 깊다 해도 미칠 수 없네
신통으로 제일가는 목건련은
이미 삼계의 번뇌를 모두 끊고
신통력으로 어머니를 살펴보니
아귀 가운데 괴로움 받는 것을 보고
목건련이 스스로 가서 어머니 은혜를 갚고자
자비로운 어머니의 괴로움을 구제하였고
위로 타화 모든 하늘 무리에 태어나서
함께 즐겨 천궁에 처하게 했네
부모의 은혜가 가장 깊은 줄을 알아
여래와 성현들이 모두 덕을 갚나니
지극한 마음으로 여래께 공양하거나
또한 부지런히 효도를 닦으면
이런 두 사람은 복이 다름이 없어
삼세의 과보 받음이 무궁하리라
세상 사람이 아들 위해 죄를 지으면

삼악도에 떨어져 길이 괴로움 받네
모든 남녀 성인이 아니므로 신통이 없어
윤회를 보지 못해 은혜 갚기 어려우니
슬프다 세상 사람 성력 없어
자비로운 어머니를 제도하지 못하도다
이러므로 그대는 알아야 하리
부지런히 복리와 공덕 닦으면
그 남녀는 수승한 복이 되어서
금빛 같은 광명으로 지옥 비춰
광명 속에서 깊고 묘한 법을 설하여
부모를 일깨워 보리심을 내게 해
옛적에 지은 죄를 기억하게 해
일념으로 참회하여 여의게 하네
삼세의 여래께 귀의한다고 말하면
쉼 없이 괴로운 몸을 벗어나
인천에 나 즐거움을 갈아 받으며
여래 뵙고 법을 듣고 붓다를 이루리
혹 시방의 정토에 나게 되면
칠보 연꽃 부모가 되어
꽃이 피면 여래 뵙고 무생을 깨쳐
불퇴전의 보살과 같은 지위네
육신통의 자재력을 얻게 되고
보리의 미묘 궁에 들게 되나니

모두 보살이 남녀가 되는 것이니
원력으로 인간을 교화함이네
이것이 참으로 부모 은혜 갚는 길이라
그대들은 함께 닦고 배울지어다
유정이 윤회해 육도에 나고
수래의 바퀴처럼 시종이 없네
혹 부모도 되고 아들딸도 되어
세세로 나고 서로서로 은혜 있고
아버지 어머니가 차별이 없어
성인 지혜 증득 못해 알지 못하네
일체 남자 모두 다 아버지되고
일체 여인 모두 다 어머니이니
어찌하여 전세 은혜 갚지도 않고
다른 생각 내고는 원수 만드나
항상 은혜 갚아 서로 용서해
때리고 욕하는 원수 되지 않아야 한다
만일 복과 지혜의 문을 닦고자 하면
밤낮으로 원을 발하니
한량없는 겁을 이어 날 때마다
숙주지의 큰 신통을 얻어
과거 백천 생을 알고
서로 부모됨을 기억하게 하시고
육취 사생에 순환하는 가운데

내 생각이 한결같이 저에게 이르며
묘법 말해 괴로운 인을 여의고
인천에서 즐거움을 길이 받으며
견고한 보리의 원을 권하게 되고
보살의 육도 문을 닦고
영원히 생사의 두 가지 인을 끊고
위없는 열반 도를 속히 얻게 하여지이다
시방의 일체 국왕은
정법으로 교화하여 성주 됐나니
국왕의 복덕이 가장 수승해
하는 일이 자재해 천이라 하네
삼십삼천과 다른 하늘이
복력으로 왕의 교화 항상 도웁고
모든 하늘 아들처럼 옹호하나니
이러므로 천자라고 일러 받드네
세간에는 인왕이 근본이 되어
일체의 인민 의지처 되네
세간의 모든 집은
기둥이 근본으로 성립하듯이
왕이 정법으로 인민을 교화하는 것은
큰 범왕이 만물을 내는 것과 같고
왕이 그른 법으로 다스리지 못하면
염마왕이 세간을 멸함과 같네

왕이 간사한 사람을 받아들이면
코끼리가 꽃못을 밟음 같으니
혼탁한 때 악한 세상 만났다 말라
선과 악을 아는 것이 왕의 수행이라네
일(日)천자가 세간을 비춰 주듯이
국왕도 이렇듯이 세간을 교화해
햇빛이 밤에는 비추지 못하지만
유정에게 안락을 얻게 한다네
왕이 그른 법으로 세상을 교화하면
일체 인민이 의지처가 없게 되고
세간에 있는 모든 두려움은
왕의 복력에 의해 생기지 못해
인민이 성취한 안온한 낙은
이 왕의 복으로 이룬 것이며
세간의 좋고도 묘한 꽃들은
왕의 복력에 의해 열고 펼쳐서
세간의 묘한 동산과 숲은
왕의 복력에 의해 무성해지고
세간의 모든 약초는
왕의 복력에 의해 병이 모두 낫는다
세간에 백 가지 곡식의 싹은
왕의 복력에 이해 다 열매 이루며
세간에 인민이 풍락을 받는 것은

왕의 복력에 이해 항상 저절로 된다
장자가 외아들을 두었는데
지혜와 단정함이 세상에 비할 이 없어
부모가 눈동자 보호하듯 사랑해서
밤낮으로 염려하는 마음 내듯이
나라의 큰 성왕도 이와 같아서
중생을 외아들처럼 사랑하고
늙은이를 양육하고 고독한 이 구제하며
상벌의 마음이 둘이 아니네
이런 어진 왕이 성주가 되면
중생이 여래 같이 우러르고
어진 왕이 교화하여 다스리면 나라에 재왕이 없고
백성이 공순하고 부지런하여 늘 안온하며
국왕이 그른 법으로 세상을 교화하면
병이 유행해 유정에게 재앙이 내리나니
이와 같이 일체 사람과 사람 아닌 것의
복과 죄가 환하여 가릴 수 없네
선이든 악이든 7분으로 나누어
지은 이가 5분 얻고 왕이 2분 얻네
동산이나 숲이나 밭이나 집도 이러하니
후세의 분수도 이와 같다네
전륜성왕이 출현할 때는
6분으로 나누어 왕이 1분을 얻고

그 때에는 인민이 5분 얻나니
선과 악의 업보도 다 그러하다네
만일 어진 왕이 바른 소견을 닦아
법대로 세상을 교화하면 천주라 하고
하늘 법으로 세간을 교화하면
비사문왕이 항상 옹호하네
또 다른 삼천과 나찰들이
모두 성왕의 궁을 수호하며
성왕이 세간에 나서 나라를 다스릴 때
중생을 이롭게 하여 열 가지 덕을 이루네
첫째는 국계를 비침이요
둘째는 국토를 장엄함이요
셋째는 모든 안락을 줌이요
넷째는 원수와 적을 굴복시킴이요
다섯째는 모든 두려움을 막음이요
여섯째는 모든 성현을 수집함이요
일곱째는 모든 법으로 근본을 삼음이요
여덟째는 세간을 옹호함이요
아홉째는 조화의 공을 지음이요
열째는 국계와 인민의 주인이다
만일 왕이 열 가지 우승한 덕을 성취하면
범왕과 제석과 모든 하늘과
야차와 나찰과 귀신왕이

몸을 감춰 항상 와서 국계를 호위하며
용왕이 기뻐하여 단비를 내리어
오곡이 성숙하고 백성이 편안하며
나라 안 곳곳마다 보배가 나며
군사가 강력하여 원수와 적이 없고
여의 보배구슬이 왕 앞에 나타나며
지경 밖의 모든 왕이 스스로 굴복하네
만일 선치 못한 이가 왕의 나라에 나서
한결같은 생각으로 모든 악을 이루면
이 사람은 목숨을 마치고 지옥에 떨어져
긴 겁 동안 괴로움을 받아 나올 기한이 없고
만일 부지런히 국왕을 도우면
하늘이 호념해 영화와 녹을 더하니
지광 장자여, 그대는 응당 알아야 하리
일체 인왕은 업으로 감득한 것이다
모든 법이 인연으로 이뤄지지 않는 것 없고
만일 인연이 없으면 법도 없을 것이며
하늘과 악취에 남이 없다 말한다면
이런 사람은 인연을 알지 못한 것일세
인과가 없다고 하면 크게 삿된 소견이니
죄와 복을 알지 못해 망녕된 생각을 낸 것이라
왕이 이제 받은 복과 즐거움은
옛적에 일찍 삼정계를 가져서

계덕을 닦아 감응을 불러
인천 묘과로 왕의 몸을 얻었나니
만일 사람이 보리심을 일으키면
원력으로 위없는 과를 이루나니
상품이 청정계를 굳게 가지면
기거를 자재로이 해서 법왕이 되며
신통변화로 시방에 가득하여
인연대로 널리 중생 제도하고
중품이 보살계를 가지면
복덕이 자재하여 전륜왕위 얻어
마음대로 지은 것을 모두 이루고
한량없는 인천이 모두 따라 받드네
하의 상품이 큰 귀왕계를 가지면
일체 사람 아닌 것이 다 복종하며
계품 가짐이 비록 결하고 범할지라도
계가 우승한 까닭으로 왕됨을 얻네
하의 중품이 금수왕계를 가지면
일체 날고 기는 것들이 다 복종하여
청정한 계에 결하고 범왕이 있을지라도
계가 우승한 까닭으로 왕됨을 얻네
하의 하품이 염마왕계를 가지면
지옥에 가운데서 항상 자재해
금계를 헐어 악도에 날지라도

계가 수승한 까닭으로 왕 됨을 얻네
이 까닭에 모든 중생이
보살 청정계를 받아
잘 호지하여 결하고 범함 없으면
나는 곳에 따라 인왕 되지만
만일 여래 계를 받지 않으면
마침내 여우 몸도 얻지 못하네
하물며 인천의 가운데서 감득하여
수승하게 쾌락한 왕의 자리에 있음으랴
이러므로 왕은 인연 없음이 아니라
계업을 정근하여 묘과 이루니
국왕은 이 인민의 주인이므로
어머니가 어린애 기르듯 어여삐 여기네
이러한 인왕에게 큰 은혜가 있나니
무마해 길러 준 마음 갚기 어렵네
이러므로 모든 유정이
만일 큰 보리를 닦아
모든 중생에게 큰 자비를 일으키면
여래의 삼취계를 받는 것이니
만일 법과 같이 계를 받으려면
죄를 참회하여 소멸케 하라
죄를 일으키는 원인에는 열 가지가 있는데
몸이 셋, 말이 넷, 뜻이 셋이다

생사는 처음이 없고 죄는 다함이 없고
번뇌의 큰 바다가 깊어 밑이 없고
업장이 몹시 높아 수미산 같네
업을 지음이 두 가지로 인하여 일어나니
현행과 종자라는 것이니
알음알음이 여러 가지를 반연하여
그림자가 따르듯이 몸을 떠나지 않아
어느 때나 성도를 장애하나니
가깝게는 인천의 묘락과를 장애하고
멀리는 위없는 보리과를 장애하며
집에 있으면 번뇌의 인연을 초래하고
출가해도 청정계를 파괴하나니
만일 법과 같이 참회하는 이는
모든 번뇌를 다 여의게 되리
겁의 불이 세간을 파괴하고
수미산과 큰 바다를 태우듯이
참회는 번뇌의 섶을 태우고
참회는 하늘에 태어나게 하며
참회는 사선락을 얻게 하며
참회는 마니구슬을 내려 주고
참회는 금강의 수명을 연장하며
참회는 상락궁에 들게 하며
참회는 삼계의 옥을 벗어나게 하고

참회는 보리의 꽃을 열게 하며
참회는 여래의 크게 원만한 거울을 보게 하며
참회는 보배의 곳에 이르게 하나니
만일 법과 같이 참회하는 사람는
두 가지 관문에 의해 닦을 지니라
첫째는 일을 보아 죄를 멸하는 문이요
둘째는 이치를 보아 죄를 멸하는 문이다.
일을 보아 죄를 멸하는 데는 셋이 있나니
상 · 중 · 하 근기가 삼품이 된다
만일 정계를 구하여
큰 정진의 마음을 내어 퇴전치 않고
슬피 피눈물 흘리며 항상 간절함이
슬픈 느낌으로 온몸에 피가 나타나도록
시방 삼보의 곳과 육도 모든 중생을
똑같이 생각하는 상근기가 있다면
꿇어 앉아 합장하고 마음이 어지럽지 않게 하여
발로하고 마음을 씻어 참회하여라
원하옵나니 시방 삼세 여래께서는
큰 자비로 저를 어여삐 여기소서
제가 윤회에 처하여 의지할 곳이 없어
생사의 긴 밤에 항상 깨닫지 못하오며
제가 범부에 있어 속박을 지니어
미친 마음으로 뒤바꾸어 두루 반연했으며

제가 삼계의 화택 속에 처하여
육진을 망녕되게 집착했으므로 구호할 이 없으며
제가 빈궁하고 하천한 집에 태어나
자재를 얻지 못해 괴로움을 받으며
제가 삿되게 보는 부모집에 태어나
죄를 지은 악한 권속에 의지하였사오니
원하옵건대 여래 대존자께서는
어여삐 여기시어 한 아들같이 호념하소서
한번 참회하고 다시 죄를 짓지 아니하겠사오니
삼세 여래께서 증명하소서
이와 같이 용맹하게 참회하는 이를
상품이 정계를 구한다고 하는 것이다
만일 중품 근기가 계를 구하는 이는
한마음으로 용맹하게 참회하여
콧물 눈물 뒤섞여도 알지 못하고
온몸이 땀을 흘리면서 여래께 애구하되
처음 없는 나고 죽는 데서 지은 업을 발로하오니
원하옵건대 대비의 물로 티끌을 씻으시며
죄장을 씻어 육근을 청정케 하시고
저에게 보살삼취계를 주소서
저는 삼취계를 굳게 가져 퇴전치 않고
꾸준히 닦아 괴로운 중생을 제도하는데
나는 제도치 못해도 먼저 남을 제도하여

영원히 끊임이 없음을 원하나이다
이렇게 용맹스럽게 정진하는 이는
목숨을 아끼지 않고 보리를 구하여
삼보의 신령하고 기이한 상호를 감득하나니
이것을 중품이 크게 참회한다고 하는 것이다
만일 하품 근기가 정계를 구하는 데는
위없는 보리의 마음을 발하여
콧물 눈물 흘리며 슬피 울어 몸의 털이 서게
지은 죄를 몹시 부끄러히 여기어
시방 삼보의 곳과
육도 중생의 앞에 대하여
지성으로 처음 없음으로부터 오면서
모든 중생을 뇌란했음을 발로하여
막힘 없는 큰 자비심을 일으켜
목숨을 아끼지 않고 삼업을 참회하여
이미 지은 죄는 모두 발로하고
짓지 아니한 악은 다시 짓지 아니하나니
이러한 삼품이 죄를 참회하면
모두 제일 청정계라고 이름하나니
부끄러운 물로써 티끌을 씻으며
몸과 마음이 모두 청정한 근기가 된다네
모든 선남자여, 그대는 알아야 하리
이미 청정히 보는 모든 참회를 말하였는데

그 사리는 차별이 없고
다만 근기와 인연이 한가지라 아니하나니
만일 바른 이치 봄을 수습코자 할진대
일체 모든 산란한 것을 멀리 여의고
새로운 깨끗한 옷을 입고 가부해 앉아
마음을 수섭해 바른 생각으로 인연을 여의어야 한다
항상 모든 여래의 묘한 법신을 보면
체와 성이 허공 같아 가히 얻지 못하나니
일체 죄의 성도 모두 같아서
뒤바뀐 인연이 망녕된 마음에서 일어난다네
이러한 죄의 모양이 본래 비어서
삼세의 가운데 얻을 것이 없나니
안도 아니요, 밖도 아니요, 중간도 아니며
성의 모양은 여여하여 모두 움직이지 않으며
진여의 묘한 이치는 이름과 말이 끊어져서
오직 성인이라야 통달하나니
있지 않고 없지 않고 있고 없지 않으며
있고 없음을 아님도 아니어서 이름과 모양을 여의어
법계에 두루 둘러 생멸이 없나니
모든 여래께서는 본래 똑같은 체이오니
원하옵건대 모든 여래께서는 가호를 드려
일체 뒤바뀐 맘을 멸케 하소서
원하옵나니 제가 일찍 바른 성품의 근원을 깨쳐

빨리 여래의 위없는 도를 증득케 하소서
만일 청정히 믿는 선남자가
낮과 밤으로 묘한 이치인 공을 보며는
일체 죄와 업장이 소제되나니
이것을 으뜸으로 정계를 가졌다고 하며
만일 사람이 실상이 공함을 보아서 알면
일체 중한 죄를 멸하나니
큰 바람이 맹렬한 불에 불면
한량없는 풀과 나무를 태움과 같다
선남자여, 진실한 관은
모든 여래의 비요문(秘要門)이라고 하나니
만일 남을 위해 널리 분별할지라도
지혜 없는 사람에겐 말하지 말라
일체 어리석은 중생 무리는
들으면 반드시 의심을 내어 믿지 않는다
만일 지혜 있는 이가 믿음을 내어
생각마다 관찰하여 진여를 깨치면
시방 여래께서 모두 앞에 나타나시어
보리 묘과를 저절로 증득한다
선남자들이여, 내가 멸도한 뒤
미래세 가운데 청정히 믿는 이는
두 관문에 항상 참회하여
보살의 삼취계를 받을지어다

만일 상품계를 받아 가지려면
응당 계 스승인 여래와 보살께 청할 것이니
우리 석가모니 부처님은
보살계 화상이 되시며
용종정지 존왕부처님은
정계 아사리 되오시며
미래 도사인 미륵부처님은
청정히 교수하는 스승 되시니
현재 시방 양족존은
청정히 계를 증득하는 스승이 되시며
시방 일체 모든 보살은
계를 수확하는 반려가 되시며
제석과 범왕과 사천왕과 금강천은 계를 배우는 이를
밖에서 호위하는 대중이 되심을 청하라
이러한 여래와 보살과
현재 앞의 전계사를 받들어 청하여
널리 네 은혜 갚음을 위하여
청정한 보리의 마음을 일으켜
응당 보살 삼취계를 받아야 한다
일체 유정을 이롭게 하는 계와
일체 선한 법을 수섭하는 계와
일체 율의를 수섭하는 계
이와 같은 삼취의 청정한 계는

삼세 여래가 호념하시네
그른 법도 들음이 없는 모든 유정은
한량없는 겁 가운데 보고 듣지 못하였는데
오직 과거 시방 부처님께서
이미 청정한 계를 받아 항상 호지하시어
이장의 번뇌를 영원히 끊어 여의고
위없는 보리과를 증득하셨으며
미래 일체 세존께서도
삼취의 청정한 계보를 수호하시어
삼장과 습기를 끊어 여의고
정등 큰 보리를 증득하시며
현재 시방 모든 여래께서도
삼취 청정한 계의 인을 구족하게 닦아서
영원히 생사의 괴로움에 윤회함을 끊고
삼신 보리과를 증득하시나니
생사의 깊고 큰 바다를 초월하는 데는
보살의 청정한 계가 배가 되며
영원히 탐 · 진 · 치의 속박을 끊는 데는
보살의 청정한 계가 예리한 칼이 되며
생사의 험한 길은 모든 두려움에
보살의 청정한 계가 집이 되며
빈천한 모든 괴로운 인을 제하는 데는
청정한 계는 여의보가 되며

귀매가 침노하는 모든 질병에는
삼취 정계가 좋은 약이 되며
인천의 왕이 되어 자재를 얻는 데는
삼취 정계가 좋은 인연이 되며
다른 사취 모든 왕의 몸에는
정계가 인이 되어 우승한 과를 얻는다네
이러므로 능히 자재의 인을 닦으면
왕이 되어 존귀 받음을 얻나니
먼저 시방 여래께 예배하고
낮과 밤으로 더 청정계를 닦으면
모든 여래가 받아 가짐을 호념하나니
계가 금강과 평등하여 파괴할 이 없으며
삼계 모든 하늘과 모든 선신이
왕의 몸과 권속을 호위하며
일체 원수와 적이 모두 귀복하고
만백성이 기뻐하여 왕화를 느끼나니
이러므로 보살계를 받아 가지면
세와 출세의 함없는 과를 감득한다네
삼보가 항상 머물러 세간을 교화하나니
은덕이 넓고 커 헤아릴 수 없고
과거와 미래와 현재의 겁 바다 가운데
공덕으로 중생을 이롭게 하여 쉼이 없다네
불일의 천 광명이 항상 세상을 비추어

중생을 이롭게 하고 인연 있는 이를 제도하지만
인연 없으면 여래의 자비 광명을 보지 못하나니
장님이 볼 수 없는 것과 같다네
법보는 오로지 변역이 없어
과거불과 미래불의 말씀이 다 한가지니
비가 널리 젖게 하여
풀과 나무를 자라게 함이 크고 작은 차별뿐인 것과 같아
중생의 근기에 따라 각기 해탈을 얻게 하나니
풀과 나무의 윤택을 받음도 또한 차별 나며
보살과 성문이 중생을 교화함이
큰 강의 물이 흘러 다하지 않음 같지만
중생이 믿음이 없어 덕화를 입지 못함이
깊숙히 처하여 해가 비치기 어려움 같으며
여래의 달빛은 매우 맑고 서늘해
모든 어두움을 제거할 수 있음과 같네
엎어놓은 동이에 달이 비치지 못하듯이
미혹한 중생은 또한 이와 같나니
법보의 감로는 묘한 양약이어서
일체 번뇌병을 치료할 수 있고
믿음이 있으면 약을 먹어 보리를 증득하고
믿음이 없으면 인연대로 악도에 떨어지나니
보살과 성문이 항상 세상에 있어
수없는 방편으로 중생을 제도하여

중생이 믿고 즐기는 맘을 두면
각기 삼승의 안락한 자리에 들게 하며
여래께서 세간에 나지 아니하시면
일체 중생이 삿된 도에 들어서
영원히 감로를 여의고 독약을 마시어
길이 고해에 빠져 나올 기한 없는데
여래의 해가 삼천계에 출현하여
큰 광명을 놓아 긴 밤을 비치시면
중생이 조는 것 같아 깨닫지 못하다가
광명을 무릅써 함이 없는 집에 드나니
여래께서 일승법을 설하지 않으면
시방 국토가 모두 공허하다네
마음을 내어 수행하여 정각을 이루면
일체 불토가 다 엄정하며
일승의 법보는 모든 붓다의 어머니여서
삼세 여래가 이를 따라 낳으셨다네
반야 방편을 간단 없이 닦으면
해탈의 도를 이루어 묘각에 오르며
만일 붓다와 보살이 출현치 않으면
세간 중생이 도사가 없어서
생사의 험난한 데를 따라갈 수 없는데
어떻게 보배의 곳에 이름을 얻으랴
큰 원력으로 선우가 되시어

항상 묘한 법을 말씀해 수행케 하여
십지에 나아가 보리를 증득하여
열반 안락한 곳에 잘 들게 하시며
큰 자비한 보살이 세간을 교화하는데
방편으로 중생을 인도하는 까닭에
안으로 일승의 진실한 행을 숨기고
밖으로 연각과 성문을 나타내나니
둔한 근기 작은 지혜로 일승을 들으면
마음을 냄이 여러 겁을 지내어야 함을 두려워 함이라
몸에 여래장이 있음을 알지 못하고
오직 적멸을 좋아하고 진노를 싫어하며
중생이 본디 보리의 씨가 있나니
모두 아뢰야장 알음알이 속에 있다네
만일 선우를 만나 큰 마음을 내어
세 가지로 연마하여 요한 행을 닦으면
영원히 번뇌와 아는 업장을 끊고
여래의 상주신을 증득한다네
보리의 묘과를 이루기 어려운 것 아니라
참 선지식을 실로 만나기 어렵나니
일체 보살의 우승한 도를 닦으면
네 가지 법요를 알게 되나니
선우를 친근하는 것이 첫째가 되고
바른 법을 듣는 것이 둘째가 되며

이치대로 생각하는 것이 셋째가 되고
법대로 닦아 증득하는 것이 넷째가 된다네
시방 일체 큰 성주가
이 네 법을 닦아 보리를 증득하였나니
그대 장자와 모인 대중과
미래세의 청신사여
이러한 네 가지 법의 보살의 자리를
수습하여 불도를 이룰 것이니
선남자들이여, 진실히 들을 지어다
여래께서 말씀한 네 가지 은혜에
불보의 은혜가 으뜸이 되나니
중생을 제도키 위해 큰 마음을 내어
삼승기사 큰 겁 가운데
백천 모든 고행을 갖추고 닦았으므로
공덕이 원만하여 법계를 둘러
십지 구경에 삼신을 증득했나니
번신의 체는 모든 중생을 두루며
만 가지 덕이 응연하여 성이 항상 머물러
나도 않고 멸도 않고 가고 옴도 없으며
같지 않고 다르지 않고 상과 단도 아니어서
법계에 두루 가득해 허공과 같아
일체 여래가 한가지로 닦아 증득했으며
함이 있고 함이 없는 모든 공덕은

법신에 의지해 항상 청정하나니
법신의 본디 성은 허공과 같아
육진을 멀리 여의어 물든 것이 없으며
법신은 형체도 없고 모든 모양도 떠나서
모습이 있는 것이나 있을 것이 모두 비었나니
이와 같은 모든 여래의 묘한 법신은
희롱하고 말하는 모양도 적멸하셨고
일체 모든 분별을 멀리 여의었으며
마음이 행하는 곳도 멸하여 체가 다 같나니
여래의 몸을 증득코자 한다면
보살이 만가지 행을 잘 닦아야 한다
지의 체는 함이 없는 참 법성이며
색심도 일체 모든 여래와 한가지니
비유컨대 나는 새도 금산에 이르면
새의 몸이 저 색과 같게 되나니
일체 보살은 나는 새와 같고
법신의 여래 체는 금산과 같아서
자수용신 모든 상호가
낱낱이 시방 절에 두루 찼다네
네 가지 지혜가 두루 밝아 법락을 받음은
먼저 붓다와 뒷 붓다의 체가 다 한가지여서
비록 법계를 둘렀으나 장애가 없나니
이런 묘한 경계는 사의치 못하여

이 몸이 항상 보불토에 머물러
스스로 법락을 받음이 간단이 없으며
타수용신 모든 상호는
기회에 따라 응해 나타남이 더하고 덜함이 없어서
땅위의 모든 보살을 교화하기 위하여
한 붓다가 열 몸으로 나타나
가는 곳마다 응해 나타냄이 각기 같지 않아
차근차근 곱절 더해 끝없는 데 이르러
근기에 맞춰 모든 법요를 발하여
법락을 받아 일승에 들게 하며
저 신통을 얻음이 점차 증장하나니
깨우친 법문도 또한 이와 같다네
하지 보살은 지혜를 내어도
상지를 깨닫지 못하며
환한 이와 환할 이의 자리 따라 더하여
각기 본연을 따라 속하게 되네
한 보살이 여러 붓다로 화신하고
여러 보살이 한 붓다로 화신하나니
이러한 열 붓다가 정각을 이루어
각기 칠보 보리나무에 앉았네
먼저 여래가 멸도하면 뒤 부처 이루어
하나같지 않은 화신한 여래가 겁이 지나도록 나타나시나니
열 부처가 앉으셨던 연화대는

두루 각기 백천 잎이 있는데
낱낱 잎 속의 한 불토가
곧 이 삼천 대천세계
낱낱 세계 속에 백억 가지
해와 달과 별과 사대주와
육욕 모든 하늘과 사선과
공처와 식처와 비상 등이 있으며
그 사주 속의 남섬부에
낱낱이 각기 금강자리와
보리 큰 나무왕이 있는데
이에 변화한 모든 붓다가
일시에 보리의 도를 증득하여
묘한 법의 바퀴를 대천세계에 굴리시면
보살과 연각과 성문이
근기에 따라 성과를 이루나니
이와 같이 말한 삼신불은
가장 위로 비할 데 없어 보배라 한다네
응신 화신 두 부처께서 설법하신 것이
교와 이와 행과가 법보가 되나니
모든 여래가 법으로 큰 스승을 삼아
마음 닦아 보리도를 증득함이네
법보는 삼세에 변역이 없어
일체 여래가 모두 귀의해 배우므로

내가 이제 살바야께 정례하노니
그러므로 법보를 붓다의 스승이라고 한다
혹 맹렬한 불에 들어가도 타지 않아
때에 따라 참 해탈을 얻나니
법보가 생사옥을 깨기를
금강이 만물을 부시듯 하며
법보가 중생의 마음을 비추기를
일천자가 허공에 임하듯 하며
법보가 견고한 배가 되어
사랑의 강을 건너 저 언덕에 뛰며
법보가 중생의 낙을 주기를
비유컨대 하늘 북이 하늘의 마음을 응하듯 하며
법보가 생의 가난을 구제하기를
마니구슬이 여러 보배를 내리듯 하며
법보가 삼보의 섬돌이 되나니
법을 듣고 인을 닦으면 상계에 나며
법보는 금륜 큰 성왕이
큰 법력으로 네 마군을 깨뜨리는 것이며
법보가 큰 보배수레가 되어
중생을 운전해 화택을 벗어나게 하며
법보가 대도사가 되어
중생을 인도해 보배 있는 곳에 이르게 하며
법보가 큰 법나를 불어

중생을 깨워 불도를 이루게 하며
법보가 큰 법의 등불이 되어
생사의 모든 어두운 데를 비추며
법보가 금강의 화살이 되어
국계를 진압하고 원수를 항복시키나니
삼세 여래가 말씀하신 법이
중생을 이롭게 하고 괴로움과 속박을 벗어나
열반의 안락한 성에 들게 하나니
이래서 법보의 은혜를 갚기 어렵다는 것이다
지광 장자여, 너는 진실히 들을지어다
세간과 출세간의 승에는 세 가지가 있다
보살과 성문과 성인과 범부의 무리가
중생을 이롭게 하면 복밭이 되나니
문수사리 대성존은
삼세 모든 여래가 어머니 삼고
시방 여래가 처음 마음을 낸 것이
모두 이 문수의 교화한 힘이며
일체 세계 모든 유정이
이름을 듣고 몸과 광명과 상호와
동류를 쫓아 화하여 나타남 보면
모두 불도의 사의키 어려움을 이루며
미륵보살 법왕자는
처음 마음을 냄으로부터 고기를 먹지 않았다

이런 까닭으로 자씨라고 하는데
모든 중생을 성숙시키기 위하여
제4 도솔천의
마흔아홉 겹 여의전에 처하여
낮과 밤으로 퇴전치 않는 행을 말하여
수없는 방편으로 인천을 제도하며
팔공덕의 물 묘한 꽃못에
인연 있는 이와 모두 함께 태어난다
내가 이제 제자를 미륵에게 맡겨
용화회 가운데 해탈을 얻게 하노니
말법 가운데 선남자가
한뭉치 밥이라도 중생에게 보시하면
이 선근으로 미륵을 보아
곧 보리의 구경도를 얻을 것이요
사리불 등 큰 성문은
지혜와 신통으로 중생을 교화하나니
만일 해탈계를 성취할 수 있으면
참으로 이 바른 소견을 수행한 사람이어서
남을 위해 설법하여 대승을 전하나니
이러한 복밭이 제1이 된다네
한가지 범부의 승이 있나니
계품은 온전치 못할지라도 바른 소견을 내어
일승의 미묘한 법을 찬탄하고

범하면 참회하여 업장을 없애고
중생을 위하여 붓다의 인을 이루면
이러한 범부는 또한 승보니
울금 꽃이 비록 시들더라도
일체 모든 묘한 꽃보다 우승하듯이
바르게 보는 비구도 또한 이와 같아서
네 가지 윤왕이 미치지 못하는 바니
이러한 네 류의 성인과 범부의 중이
유정을 이롭게 해 잠시도 쉼이 없으면
세간 좋은 복밭이라고 하며
이것을 승보의 큰 은덕이라고 하는 것이니
내가 말한 네 은혜의 뜻은
이 세간의 인을 짓는다고 하는 것이며
일체 만물이 이로부터 나는 것이므로
만일 네 은혜를 떠나면 얻지 못하나니
비유컨대 세간 모든 색과 티끌이
사대를 지어서 남을 얻을 수 있듯이
유정의 세간도 또한 이와 같아서
저 네 은혜로 인하여 편히 쉼을 얻는다."

이때 지광 장자와 아들들이, 여래께서 말씀하신 네 가지 큰 은혜를 듣고 미증유(의 깨달음)를 얻어 기뻐하며 합장하고 세존께 여쭈었습니다:

"훌륭하고 훌륭하십니다. 크게 자비하신 세존이시여, 탁

하고 악한 세상의 인과를 믿지 아니하고 부모에게 효도치 아니하며 삿되게 보는 중생을 위하여 진묘한 법을 말씀하시어 세간을 이롭게 하시니, 세존께서는 은혜 갚는 뜻을 말씀하여 주십시오. 저희들이 이미 매우 깊은 네 가지 은혜는 깨달았으나 이제 어떠한 업을 닦아야 이 은혜를 갚을 수 있는지 알지 못하겠습니다."

세존께서 장자에게 말씀하셨습니다:

"선남자들이여, 내가 오백장자를 위하여 먼저 이미 널리 말하였지만 이제 그대를 위하여 대략 조금만 말하리라.

만일 선남자와 선여인이 아뇩다라삼먁삼보리를 얻기 위하여 부지런히 십바라밀을 수행할지라도 만일 얻음이 있으면 은혜를 갚았다고 말하지 못할 것이요, 만일 잠깐만 한 선을 행할지라도 마음에 얻음이 없는 사람은 이에 은혜를 갚았다고 할 수 있다. 까닭이 무엇인가. 일체 여래가 얻음이 없이 감응하여 이에 불도를 이루어 모든 중생을 교화하시나니, 만일 경을 들어 믿어 알고 받아 가지며 풀어 말하고 쓰고 그리며 얻음이 없는 삼륜체의 공한 것으로 그윽히 한 사람을 위하여 4구의 법을 말하여 삿되게 보는 마음을 제거하고 보리에 나아가게 하는 청정히 믿는 선남자들이 있다면 곧 네 가지 은혜를 갚았다고 할 수 있다. 무슨 까닭인가. 이 사람은 곧 위없는 보리를 얻어 차근차근 한량없는 중생을 교화함으로써 불도에 들어 삼보 종자를 영원히 끊어지지 않게 할 것이기 때문이다."

이때에 지광 장자는 이 게송을 듣고 인욕삼매를 얻어 세간(의 티끌)을 떠나 불퇴전을 얻었습니다.

그때 아들들도 팔천 인과 함께 이 삼매를 얻어 모두 무등등 아뇩다라삼먁삼보리심을 얻었고, 사만팔천 인도 삼매를 증득하여 세간의 티끌을 멀리하고 번뇌를 여의고 법안이 청정해졌습니다.

參考資料

「대승본생심지관경(이)보은품」, 『한글대장경』167권, 동국역경원, 2002.
「大乘本生心地觀經（二）報恩品」, 『大正新修大藏經』第三卷, 大正13年.
고성훈 역, 『부모은중경』, 우리출판사, 불기2532년/2537.
광덕 편역, 『부모은중경 관음경』, 불광출판부, 1978/1994.
권상로 역, 『부모은중경(목련경)』, 불서보급사, 1976/1979.
李民樹 譯, 『父母恩重經』, 乙酉文化社, 1972/1982.

지송경전의 세계
부모은중경 목련경 우란분경 외

1997년 6월 2일 초판
2018년 6월 14일 3판 6쇄

엮고 편 곳: 정우서적
신고 1992.5.16. 제300-1992-48호
서울 종로구 수송동 58. 두산위브파빌리온 1231호
전화 02/720・5538, 다음카페 정우북스

값 6,000원

ISBN 978-89-8023-096-6 03220